EDGAR ALLAN POE: SA VIE ET SES OUVRAGES

Edgar Allan Poe

CHARLES BAUDELAIRE

sa vie et ses ouvrages

EDITED BY W.T. BANDY

UNIVERSITY OF TORONTO PRESS

©University of Toronto Press 1973
Toronto and Buffalo
Printed in Canada
ISBN 0-8020-5280-0
LC 73–81753

University of Toronto Romance Series 22

In memory of Alice

Contents

Foreword

As the earliest foreign study of the life and works of Edgar Allan
Poe, the text presented in this volume is something of a land-
mark in the history of comparative literature. In its definitive
form, revised and abridged to serve as the preface to the first
volume of Baudelaire's translations of Poe, it has probably been
read by more people in more different countries than anything
ever written on Poe. It certainly had a major part in shaping the
European view of Poe, which is so different from that which has
prevailed in the United States, even to the present day.

After its original publication in the *Revue de Paris* for March
and April 1852, the essay was not reprinted until 1908, when it
was included in Baudelaire's *Œuvres posthumes* (Mercure de
France). It was subsequently reprinted in several editions of
Baudelaire's collected works. (See the bibliography, numbers
20–5 and 60, for comments.)

These editions vary widely in excellence, but, except for those published subsequently to the appearance of my article in *Yale French Studies* in 1952 (see no. 5 of the bibliography), all suffered from the mistaken belief that Baudelaire was acquainted with the American edition of Poe's works when he wrote the 1852 essay and that it was largely based upon Rufus Griswold's *Memoir* contained in that edition. While this might seem to be an innocuous error, it in fact led to commentary and notes that were unconsciously misleading and in many cases false. So far as the treatment of the 1852 essay is concerned, all existing editions are therefore unreliable and obsolete.

The introduction to this edition presents for the first time a complete and accurate account of the genesis of Baudelaire's essay, with supporting documents showing his indebtedness to American, British, and French sources. It provides the reader an opportunity to distinguish clearly between what Baudelaire himself knew or thought about Poe and what he borrowed from other writers.

Over the years it has taken to gather the many neglected documents that went into producing this work, the editor has incurred obligations far too numerous to acknowledge in detail. He would be unpardonably remiss, however, if he did not express his gratitude specifically to Mr J.K. Burns, Mr Richard Hart, Dr Ray Hummel, Professor James S. Patty, and Professor Claude Pichois. For encouragement and material support he is also indebted to the Research Committee of the Graduate School and to the Institute for Research in the Humanities, both of the University of Wisconsin.

This book has been published with the help of a grant from the Humanities Research Council of Canada, using funds provided by the Canada Council, and with the help of the Publications Fund of the University of Toronto Press.

Introduction

I Apocrypha

The history of the reception of Poe's works abroad has long been encumbered with numerous legends, many of which unfortunately continue to flourish. Poe's own claim that translations of 'The Murders in the Rue Morgue' appeared in *Le Charivari* and in the *Revue française* shortly after the tale was published in America (that is, around 1841) has long since been discounted, if not disproven.[1] Two other myths, which have plagued bibliographers for years, call for a few words at this point.

The first concerns a volume allegedly printed in Paris in 1846, under the title, *Contes d'Edgar Poe*. Major responsibility for the circulation of this misinformation belongs to George E. Woodberry, who eventually admitted his error,[2] but not before a number of other writers on Poe, acting on his authority, had dutifully listed the volume in their bibliographies, obviously without having laid eyes on it.[3] Some even went so far as to attribute the translation to Madame Isabelle Meunier,[4] although in 1846 she had not yet begun to publish her translations. Woodberry may have been led astray by John H. Ingram,[5] or by Joseph Sabin, who was apparently the first to list the non-existent volume in his *Dictionary of Books Relating to America*.[6] Regardless of its origin, the legend of the 1846 edition of Poe's *Contes* demonstrates the effects of carelessness or indolence on the part of bibliographers.

Another legend with even more serious consequences is the one initiated by Abraham Yarmolinsky in his article on 'The Russian View of American Literature,' published many years ago in *The Bookman*.[7] According to this article, translations from Poe began to appear in leading Russian periodicals during the late eighteen-thirties, in other words, before the first collection of Poe's tales had been published in the United States.[8] Despite the obvious improbability of this claim and the absence of substantiating evidence, Yarmolinsky's word was accepted as gospel by writers on Poe and by serious historians of American literature,[9] who used it as the basis of a contention that the Russians were the first to translate Poe. In response to a query regarding the source of his information, Yarmolinsky stated that he had found it in an article on Poe in a Russian encyclopedia, listing two alleged translations in *Sovremennik* in 1838 and 1839. He admitted candidly that he had not been able to verify the references.[10] Actually, it turns out that the two 'translations' have no connection with Poe; indeed, one of them is followed by an editorial note: 'Translated from the Ukrainian.'[11]

Mrs Lubov Keefer, who has made the most diligent search yet recorded for early Russian translations of Poe, could find none prior to 1848, at which date there was published a barely recognizable adaptation of 'The Gold Bug,' with the title of 'An American Treasure Hunter.'[12] That tale had already been translated into French twice, in 1845 and 1848 (see below: II, items 3 and 13). In all probability, one of these translations provided the basic text for the Russian version. So, while we cannot exclude the possibility that earlier translations might exist in other languages, from the evidence now available it is almost certain that the French were the first, as well as the most enthusiastic, admirers of Poe on the continent of Europe.

ii Pirates and plagiarists

At least four persons preceded Baudelaire as a translator of Poe. At the time he published his version of 'Magnetic Revelation,' in 1848, seven other tales had been translated into French, some for the second or third time. These pre-Baudelairean translations (or adaptations) are listed below, in the chronological order of their publication:

1 / G.B. [Gustave Brunet]. 'James Dixon: ou la funeste ressemblance.' *La Quotidienne,* 3 and 4 December 1844. This appears to be the first indication that Poe's work was known outside the English-speaking world. Presented as if it were an original story, it is clearly an imitation, and almost a parody, of Poe's 'William Wilson,' previously published in *Graham's Magazine* and in *The Gift* for 1840. Brunet apparently used the text of *The Gift.*[13]

2 / Anonymous [Gustave Brunet?]. 'Une Lettre volée.' *Le Magasin pittoresque,* xiii (August 1845), 269-72. A very free translation of the abridged text of 'The Purloined Letter,' as printed in *Chambers's Edinburgh Journal,* ii (November 1844), 343-7. The translation is attributed to Brunet on the basis of internal evidence primarily; see item 4, below.

3 / A.B. [Alphonse Borghers, pseudonym of Amédée Pichot]. 'Le Scarabée d'or.' *Revue britannique, Sixième Série,* xxx (November 1845), 168-212. This is the first translation of Poe in which he is properly credited with authorship. The text is a reasonably faithful version of 'The Gold Bug,' as printed in the Wiley and Putnam edition of Poe's *Tales* (New York and London 1845). Later, in 1852, the *Revue britannique* published a translation of 'Hans Pfaall,' under the title of 'L'Aéronaute hollandais.' The translation was not signed, but, the following year, it was published, together with 'Le Scarabée d'or,' to form a volume of *Nouvelles choisies,* the first collection of Poe's tales to appear in a foreign language. The name of the translator was given as Alphonse Borghers, but, in 1857, the volume was advertized in a collection issued by Hachette, 'Bibliothèque des chemins de fer,' with Amédée Pichot named as the translator.[14] Additional evidence tends to prove that Pichot himself was the actual translator, under the pseudonym of 'Alphonse Borghers.'[15]

4 / G.B. [Gustave Brunet]. 'Un Meurtre sans exemple dans les

fastes de la justice.' *La Quotidienne,* 11, 12, and 13 June 1846. An extremely free rendering of the 'Murders in the Rue Morgue,' based on the Wiley and Putnam edition of *Tales.* Poe's name was not given, but a foreign source is hinted at in the sub-title: 'Histoire trouvée dans les papiers d'un Américain.' The identity of G.B., the most active of the early French translators of Poe, remained a mystery of many years.[16] He was one of the most frequent contributors to *La Quotidienne* and invariably signed his work with his initials only. His identity was revealed when one of his articles in *La Quotidienne* was discovered in Dr Payen's Montaigne collection, inscribed with his full name.[17] In his translation of 'The Murders in the Rue Morgue,' Brunet saw fit to change the name of Poe's amateur detective from Dupin to Bernier. The fact that the anonymous translator of 'The Purloined Letter' (see item 3, above) substituted a very similar name, Verdier, for that of Dupin, for no apparent reason, leads to the tentative conclusion that both tales were translated by the same person.

5 / O.N. [Old Nick, well-known pseudonym of Emile-Daurand Forgues]. 'Une Descente au Maelstrom.' *Revue britannique,* Sixième Série, v (September 1846), 182-203. The first translation by Forgues. It is a fairly accurate one and gives due credit to Poe as the original author.

6 / O.N. [Old Nick, i.e., Forgues]. 'Une sanglante énigme.' *Le Commerce,* 12 October 1846. A very brief adaptation of the 'The Murders in the Rue Morgue,' based on the Wiley and Putnam edition, but with no indication of the source. Forgues was clearly unaware that *La Quotidienne* had published another adaptation of the same story only four months before. He was surprised and annoyed when an unfriendly newspaper, *La Presse,* accused him of plagiarizing G.B. In a heated reply, he contended that he had a perfect right to borrow the plot of his story, just as G.B. had done, from the works of an unknown American writer, one Edgar Poe. When the editor of *La Presse* refused to publish the letter from Forgues, on the grounds that it was insulting, the latter immediately filed suit, citing his legal right of response. The trial that ensued has been described by some writers as a *cause célèbre*[18] and others have maintained that the attendant publicity could not have escaped Baudelaire's attention and thus concluded that he must have heard of Poe as early as 1846.[19] The fact is that the trial created hardly a ripple in the newspapers of the time, which were forbidden, with few

exceptions, to report court proceedings. Only a handful of accounts were published and they were concerned almost exclusively with the quarrel between Forgues and *La Presse* and with the application of the law guaranteeing right of response. It would have taken a sharp eye, indeed, to discover Poe's name in the mass of legal verbiage.

7 / E.-D. Forgues. 'Les Contes d'Edgar Poe.' *Revue des Deux Mondes* (October 1846), 341-66. Not a translation, but a long critical review of the Wiley and Putnam edition of *Tales,* discussing or summarizing most of the twelve tales contained in it. Forgues showed some odd preferences, placing major emphasis on 'The Mystery of Marie Roget' and 'The Colloquy of Eiros and Charmion,' while ignoring one of Poe's very best tales, 'The Fall of the House of Usher.' This appears to be the only review of a book by Poe published in a foreign language during his lifetime. It contains no biographical information whatever. There is no reason to believe that Baudelaire saw this review at the time of its publication or, as some have asserted, that it inspired his interest in Poe.

8 / Isabelle Meunier. 'Le Chat noir.' *La Démocratie pacifique,* 27 January 1847. The first of five translations of Poe by Mme Meunier, all based on the Wiley and Putnam edition. It was probably this translation, or one of the four following ones, that provided Baudelaire with his first knowledge of Poe's writings.

9 / Isabelle Meunier. 'L'Assassinat de la Rue Morgue.' *La Démocratie pacifique,* 31 January 1847. This was the third time that a French translator had tackled this story (see items 4 and 6, above). Mme Meunier's version, much more complete and faithful to the original than those of her predecessors, was reprinted in several provincial newspapers.[20]

10 / Anonymous [Gustave Brunet?]. 'Une Lettre soustraite.' *Le Mémorial bordelais,* 19, 20, and 21 May 1847. The attribution to Brunet is speculative but has a fairly solid foundation. At the end of his translation of 'The Murders in the Rue Morgue' (item 4, above), Brunet had intimated that he might translate this tale. He was a life-long resident of Bordeaux, where this translation was printed; so far as can be determined, it appeared in no other newspaper. It should be noted that an earlier translation of 'The Purloined Letter' (Item 2, above) was also attributed to Brunet. While it might seem strange that he would re-translate the same story, that possibility cannot be dismissed. Baudelaire, for example, did so on several occasions. There is internal evidence

to support the assumption that both translations were by the same person: in both, 'the rung [of a chair]' is unaccountably translated 'la paille.'

11 / Isabelle Meunier. 'Le Colloque d'Eiros et Charmion.' *La Démocratie pacifique,* 3 July 1847.

12 / Isabelle Meunier. 'Une Descente au Maelstrom.' *La Démocratie pacifique,* 24 and 25 December 1847. Reprinted in at least four provincial newspapers.[21] Previously translated by Forgues (see item 5, above).

13 / Isabelle Meunier. 'Le Scarabée d'or.' *La Démocratie pacifique,* 23, 25, and 27 May 1848. The last of Mme Meunier's translations. Reprinted in *Le Journal du Loiret,* 17-24 June 1848. Previously translated by Amédée Pichot (see item 3, above).

III 'Une commotion singulière'

The effect that Baudelaire's first reading of Poe had on him is described in a letter he wrote to Armand Fraisse on 18 February 1860:

En 1846 ou 47, j'eus connaissance de quelques fragments d'Edgar Poe; j'éprouvai une commotion singulière; ses œuvres complètes n'ayant été rassemblées qu'après sa mort en une édition unique, j'eus la patience de me lier avec des Américains vivant à Paris pour leur emprunter des collections de journaux qui avaient été dirigés par Poe. Et alors je trouvai, croyez-moi si vous voulez, des poëmes et des nouvelles dont j'avais eu la pensée, mais vague et confuse, mal ordonnée, et que Poe avait su combiner et mener à la perfection. Telle fut l'origine de mon enthousiasme et de ma longue patience.[22]

The emotion caused by this 'shock of recognition' evidently engraved itself on Baudelaire's memory; it is regrettable that he did not have an equally vivid recollection of the precise date or, at least the year of this fateful event, which marked a turning-point in his literary career. His ambiguity on this point is reflected in the divergent positions taken by his biographers, some of them maintaining that he discovered Poe in 1846, while others maintained that the year was 1847.

Eugène Crépet, to whom we are indebted for most of the facts on Baudelaire's life, wrote that 'dès 1846, il avait lu les premières traductions des nouvelles du conteur américain, à mesure qu'elles paraissaient dans des journaux français.'[23] It is possible that Crépet would not have been of this opinion, had he seen the note that Baudelaire added to his translation of 'Berenice,' published in 1852, listing the translations with which he was acquainted at that time:

Jusqu'à présent, M. Poe n'était connu que par *Le Scarabée d'or, Le Chat noir* et *L'Assassinat de la rue Morgue,* traduits dans un excellent système de traduction positive par Mme Isabelle Meunier, et *La Révélation mesmérienne* [*sic*], par M. Charles Baudelaire.[24]

Some biographers have affirmed that Baudelaire first heard of Poe through the review by Forgues of *Tales* (item 7, above). One of them presented the imaginary scene in graphic detail: 'Un soir d'octobre [1846], un article de la *Revue des Deux Mondes* ayant pour titre les *Contes d'Edgar Poe* lui tomba sous la main dans un cabinet de lecture.'[25] Actually, there is no reason to believe that Baudelaire saw Forgues's article in 1846, though he may have read it at a later time. The fact that he did not mention it in his note to 'Bérénice' is fairly good proof that he had no knowledge of it, even as late as 1852.

John Charpentier has offered a third hypothesis, declaring that 'l'attention de Baudelaire ne fut attirée sur Edgar Poe, selon toute vraisemblance, que par le procès qui résulta de la publication de *l'Assassinat de la rue Morgue* par un adaptateur du nom de Forgues.'[26] This is another instance of idle speculation, without the slightest documentary support. Once more, the note to 'Bérénice' must be taken into account. As we have stated above (see item 6), the trial between Forgues and *La Presse* in 1846 attracted very little attention and it is entirely possible, not to say probable, that Baudelaire was unaware of it. If he had been aware, he would surely have mentioned it in the note to 'Bérénice.'

A different account was given by Charles Asselineau, Baudelaire's friend and first biographer, who stated positively that Poe 'lui fut révélé par les traductions de Mme Meunier, publiées en feuilletons dans les journaux.'[27] Asselineau's manuscript notes contain further interesting details:

Je crois que la première notion que Baudelaire eut de l'écrivain américain lui fut donnée par une traduction de deux ou trois morceaux (entre autres le *Chat noir*) publiés par une dame Adéle Meunier (?) dans le *Journal du Loiret* (chercher le nom de la dame); les feuilletons furent communiqués à B. par Barbara, orléanais, et l'un des rédacteurs du journal. Il se pourrait que l'amitié dévouée que montra constamment par [sic] Baudelaire à Barbara n'eût pas d'autre cause que la reconnaissance de cette communication.[28]

As we have already seen (item 13, above), *Le Journal du Loiret* did reprint one of Mme Meunier's translations (of 'The Gold Bug,' however, not of 'The Black Cat') during the latter half of June 1848. Baudelaire's first translation, 'La Révélation magnétique,' was published only two or three weeks later. It is hardly likely, therefore, that his first interest in Poe was awakened by the reprinting of 'Le Scarabée d'or' in the provincial newspaper. It should not be forgotten that, in his note to 'Bérénice,' Baudelaire referred to Mme Meunier's translations of other tales, which were published exclusively in *La Démocratie pacifique*. It may be that Asselineau decided to omit the reference to *Le Journal du Loiret,* in the final text of his biography of Baudelaire, because he was not certain of its accuracy. On the other hand, the definitive text makes a more positive assertion that it was Mme Meunier who was responsible for Baudelaire's interest in Poe.

Léon Lemonnier, in his excellent work on the French translators of Poe, agreed with Asselineau's version. He even goes so far as to say that 'il est vraisemblable que l'on ne se trompera pas d'un jour en fixant au 27 janvier la date où Edgar Poe fut révélé [à Baudelaire].'[29] While it may be that Baudelaire read Mme Meunier's translation of 'The Black Cat' on the very day of its publication, Lemonnier offers no proof that such was the case. Still, whether the event occurred in January, or months later, Asselineau's testimony seems to prove beyond reasonable doubt that Baudelaire's discovery of Poe could not have been earlier than 1847. This conclusion is strengthened by a passage from another letter of Baudelaire's, less frequently quoted than the one to Fraisse but written when his memory might have been fresher. On 17 March 1854, he wrote to Eugène Pelletan: 'Depuis longtemps, depuis 1847, je m'occupe de la gloire d'un homme qui fut à la fois poëte, savant et métaphysicien ... C'est moi qui ai mis en branle la réputation d'Edgar Poe à Paris.'[30]

Before concluding this section on Baudelaire's initial contact with Poe's writings, it may not be amiss to introduce one more statement on the subject, if only in the hope that it may open a new and fruitful line of investigation. In his obituary notice on Baudelaire, published in *Le Charivari* for 8 September 1867, Charles Bataille wrote:

Le conseiller qui l'initiait le premier à l'idiome d'Edgar Poe souvent concis et heurté jusqu'à devenir incompréhensible pour les Américains eux-mêmes, fut un charmant compagnon du nom de Bonjour, un oisif aimable qui fut bientôt ruiné et qui partit pour l'Amérique.[31]

Who was this 'charming companion' about whom Baudelaire's biographers have never whispered a word? The only other mention of him, assuming it is the same person, that I have come across is in Asselineau's manuscript notes for his biography:

Vers ce temps-là, B., qui fuyait son domicile du Boulevard Bonne-Nouvelle (je n'y suis allé qu'une fois), vint, après un séjour de quelques mois chez un ami commun, Abel Bonjour, se loger *seul,* dans une maison garnie.[32]

The address mentioned by Asselineau would place the association with Bonjour around 1852, by which time Baudelaire knew Poe's tales and had already translated one of them. Bataille seems to be saying that Bonjour introduced Baudelaire to Poe's work; on the other hand, he may simply have meant that Bonjour assisted Baudelaire in solving certain linguistic difficulties. In any case, it would be interesting to know more of the history of this mysterious fellow-lodger of Baudelaire's and of their association.

iv 'Révélation magnétique'

Excited as he was by Mme Meunier's translations, Baudelaire can be pictured, without any stretching of our imagination, running to his bookseller's for a volume of Poe's tales, so that he could read them in the original and, perhaps, become acquainted with the other writings of this extraordinary author. He would have had no difficulty in procuring a copy of the Wiley and Putnam edition; it was the one used by most of the other translators and was probably on sale at most of the stores that specialized in foreign books.

Baudelaire must have revelled in the twelve stories contained in the volume. He naturally thought of trying his own hand at translating some of them. His knowledge of English, while far from perfect, was good enough for the purpose. Only a year or two earlier, he had produced a very acceptable translation of a thirty-page story by George Croly, 'The Young Enchanter.'[33] The experience gained from this initial attempt may have had something to do with his decision to translate Poe, although the motive this time was certainly different. 'Le Jeune Enchanteur' cannot be considered as anything more than a specimen of elegantly executed hackwork. He approached Poe's work in another frame of mind. Indeed, as has been acutely observed, when dealing with Poe, Baudelaire's 'feelings were not far different from those of an impassioned believer translating the New Testament.'[34]

It seems strange at first that Baudelaire would choose to begin his career as a translator of Poe with such an inferior piece as 'Mesmeric Revelation.' From the tales still untranslated in the Wiley and Putnam volume he could have selected 'The Man in the Crowd,' which dealt with one of his favourite themes, or 'The Fall of the House of Usher,' surely one of Poe's best tales. The explanation of Baudelaire's choice is to be found, perhaps, in a letter, only recently published for the first time, that he wrote his mother in June 1838, when he was only seventeen years old.[35] Even at that early age, Baudelaire was intrigued by what was then called 'animal magnetism.' Apparently, the subject still held its interest for him ten years later. On 15 July 1848, his translation was printed in *La Liberté de Penser* under the title 'Révélation magnétique.'

If he had tried deliberately, Baudelaire could not have picked a less propitious time to begin his campaign on behalf of Poe. Paris had just gone through some of the bloodiest days of the 1848 Revolution and the French public was too involved in political and economic problems to care much for fanciful treatises on mesmerism. Consequently, Baudelaire's translation attracted no attention whatever; the only mention it received was apparently the one by Baudelaire himself, in his note to 'Bérénice.'

The translation exhibits a number of awkward renderings, as well as several downright errors, but it is not appreciably inferior to others done by Baudelaire four or five years later. The most interesting feature for the present-day reader is perhaps the long prefatory note added by the translator. That note is worth reprinting here in its entirety, not only because it constitutes Baudelaire's first public utterance on Poe, but also because all previous reprintings are inaccurate, containing omissions and misreadings which at times alter the meaning.

On a beaucoup parlé dans ces derniers temps d'Edgar Poe.[36] Le fait est qu'il le mérite. Avec un volume de nouvelles, cette réputation a traversé les mers. Il a étonné, surtout étonné, plutôt qu'ému ou enthousiasmé. Il en est généralement de même de tous les romanciers qui ne marchent qu'appuyés sur une méthode créée par eux-mêmes, et qui est la conséquence même de leur tempérament. Je ne crois pas qu'il soit possible de trouver un romancier fort qui n'ait pas opéré la création de sa méthode, ou plutôt dont la sensibilité primitive ne se[37] soit pas réfléchie et transformée en un art certain. Aussi les romanciers forts sont-ils tous plus ou moins philosophes: Diderot, Laclos, Hoffmann, Goethe, Jean Paul, Maturin, Honoré de Balzac, Edgar Poe. Remarquez que j'en prends de toutes les couleurs et des plus contrastées. Cela est vrai de tous, même de Diderot, le plus hasardeux et le plus aventureux, qui s'appliqua, pour ainsi dire, à noter et à régler l'improvisation;[38] qui accepta d'abord, et puis de parti pris utilisa sa nature enthousiaste, sanguine et tapageuse. Voyez Sterne, le phénomène est bien autrement évident, et aussi bien autrement méritant. Cet homme a fait sa méthode. Tous ces gens, avec une volonté et une bonne foi infatigable, décalquent la nature, la pure nature. – Laquelle? – La leur. Aussi sont-ils généralement bien plus étonnants et originaux que les simples imaginatifs qui sont tout à fait indoués d'esprit philosophique, et qui entassent et alignent les événements sans les classer, et sans en expliquer le sens mystérieux. J'ai dit qu'ils étaient étonnants. Je dis plus: c'est qu'ils visent généralement à l'étonnant. Dans les œuvres de plusieurs d'entre eux, on voit la préoccupation[39] d'un perpétuel surnaturalisme. Cela tient, comme je l'ai dit, à cet esprit primitif de *chercherie,* qu'on me pardonne le barbarisme, à cet esprit inquisitorial, esprit de juge d'instruction, qui a peut-être ses racines dans les plus lointaines impressions de l'enfance. D'autres, naturalistes enragés, examinent l'âme à la loupe, comme les médecins le corps, et tuent leurs yeux à trouver le ressort. D'autres, d'un genre mixte, cherchent à fondre ces deux systèmes dans une mystérieuse unité. Unité de l'animal, unité de fluide, unité de la matière première, toutes ces théories récentes sont quelquefois tombées par un accident singulier dans la tête des poëtes, en même temps que dans les têtes savantes. Ainsi, pour en finir, il vient toujours un moment où les romanciers de l'espèce de ceux dont je parlais deviennent pour ainsi dire jaloux des philosophes, et ils donnent alors, eux aussi, leur système de constitution naturelle, quelquefois même avec une certaine immodestie qui a son charme et sa naïveté. On connaît Seraphitus [sic], Louis Lambert, et une foule de passages d'autres livres, où Balzac, ce grand esprit dévoré du légitime orgueil encyclopédique, a essayé de fondre en un système unitaire et définitif différentes idées tirées de Swedenborg, Mesmer, Marat, Goethe et Geoffroy Saint-Hilaire. L'idée de l'unité a aussi poursuivi Edgar Poe, et il n'a point dépensé moins d'efforts que Balzac dans ce rêve caressé. Il est certain que ces esprits spécialement littéraires font, quand ils s'y mettent, de singulières chevauchées à travers la philosophie. Ils font des trouées soudaines, et ont de brusques échappées par des chemins qui sont bien à eux.

Pour me résumer, je dirai donc que les trois caractères des romanciers *curieux* sont: 1° une méthode *privée*; 2° l'*étonnant*; 3° la manie philosophique, trois caractères qui constituent d'ailleurs leur supériorité. Le morceau d'Edgar Poe qu'on va lire est d'un raisonnement excessivement ténu parfois, d'autres fois obscur, et de temps en temps singulièrement audacieux. Il faut en prendre son parti, et digérer la chose telle qu'elle est. Il faut surtout bien s'attacher à suivre le texte littéral. Certaines choses seraient devenues bien autrement obscures, si j'avais voulu paraphraser mon auteur, au lieu de me tenir servilement attaché à la lettre. J'ai préféré faire du français pénible et parfois baroque, et donner dans toute sa vérité la technie philosophique d'Edgar Poe.

Il va sans dire que *la Liberté de penser* ne se déclare nullement complice des idées du romancier américain, et qu'elle a cru simplement plaire à ses lecteurs en leur offrant cette haute curiosité scientifique.[40]
CHARLES BAUDELAIRE

v Interlude

The years 1848 and 1849 are perhaps the least known of Baudelaire's entire existence, at least of his adulthood. Few of the letters he wrote during this time have been preserved and those that have tell us little of his activities. We do know that he had a fleeting interest in political events, with a brief career in journalism, as one of the founders of *Le Salut public,* as an editorial assistant on *La Tribune nationale* and, probably, as a most ephemeral editor of a newspaper at Châteauroux.[41] But of his literary life we have little knowledge. His only publications during the year 1848 were 'Révélation magnétique' and the poem, 'Le Vin de l'Assassin,' said to have been printed in *L'Echo des Marchands de Vin*; there is no record of any publication in 1849.

A popular belief would have it that Baudelaire devoted the greater part of those years to collecting and reading Poe's works and to brushing up his English. As one writer expressed it:

From the time when (Baudelaire) first became acquainted with some fragments of Poe's work, in 1846, he haunted the English cafés, spent his time by preference with anyone who could speak English, from men of letters to coachmen and jockeys, besieged every American whom he could come at, for information on Poe, and, after four years of such preparation, began the translations to which he devoted the following fifteen years.[42]

This statement, as well as many similar ones, is probably based on a superficial reading of Asselineau's biography of Baudelaire:

Vers ce temps-là aussi, une curiosité nouvelle s'empara de l'esprit de Baudelaire et remplit sa vie. On devine que je veux parler d'Edgar Poë, qui lui fut révélé par les traductions de Mme Adèle [sic] Meunier, publiées en feuilletons dans les journaux. Dès les premières lectures il s'enflamma d'admiration pour ce génie inconnu qui affinait au sien par tant de rapports. J'ai vu peu de possessions aussi complètes, aussi rapides, aussi absolues.[43]

A point that has been overlooked by all those who have quoted this colourful passage is that it immediately follows a paragraph beginning with the words: 'je ne le rejoignis qu'en 1850 ... ' A close reading of Asselineau's text shows that he saw nothing of Baudelaire between 1848 and 1850, so that the events he describes, as an eyewitness, must belong to a later period. Seen in this light, Asselineau's account, while perhaps a little over-dramatized, is for the most part entirely credible. That Baudelaire suffered from a veritable Poe obsession during the early fifties, and even later, cannot be doubted. But, for some time after the great instant of discovery and the publication of 'Révélation magnétique,' his interest shifted elsewhere: to politics, perhaps to writing or revising his poems. We know that before leaving for Dijon in December 1849, Baudelaire turned over to a professional calligrapher a bulky manuscript of his poems, which, according to Asselineau, formed 'deux volumes in-4° cartonnés et dorés.'[44]

The first sign that his interest in Poe had returned is found in a letter written on 15 October 1851 to an unidentified correspondent, probably a Paris bookseller:

Je suis allé plusieurs fois chez Amédée Pichot, et enfin on a daigné me dire qu'il n'était pas à Paris. Faites donc demander à Londres, AU PLUS VITE, ce livre si vous ne l'avez pas encore fait.

 Œuvres d'Edgar Poe, et surtout l'édition à notice nécrologique, s'il y en a une.[45]

At the date this letter was written, there existed only one edition of Poe's collected works, published at New York by the firm of Redfield. The first two volumes appeared in January 1850, followed by a third, with the notorious 'Memoir' by Rufus Griswold, in December of the same year. Without question, this was the edition that Baudelaire was so urgently seeking. Pichot, as editor of the *Revue britannique,* may have received a copy for review; in any case, Baudelaire obviously had gotten word that he had one, which would explain his repeated visits.

Baudelaire's nearly frantic efforts to obtain copies of Poe's works are described in amusing fashion by Asselineau:

Il accablait les libraires étrangers de commissions et d'informations sur les diverses éditions de son auteur, dont quelques-uns n'avaient jamais entendu parler. J'ai été plus d'une fois témoin de ses colères, lorsque l'un d'eux avouait ne connaître ni l'auteur ni l'ouvrage, ou lui répétait une fausse indication. Comment pouvait-on vivre sans connaître par le menu Poe, sa vie et ses œuvres?[46]

Unfortunately, none of these manoeuvers was successful. Baudelaire was therefore compelled to resort to another expedient.

VI A certain Mr Mann

Having found it impossible either to buy or to borrow a copy of the Redfield edition, Baudelaire as a last resort decided to look up Americans living in Paris, hopeful that one of them could help him in his search.[47] The chances of finding such a person were slim, but for once luck was on his side. In some unknown manner he found his way to No. 7, rue de Bourgogne, the home of an American journalist, William Wilberforce Mann, who just happened to have exactly what Baudelaire was looking for.

Mann was a native of New England, born in 1809, the same year as Poe. His father operated a general store in Hallowell, Maine, for a number of years, but moved with his family to Augusta, Georgia, in 1817. Shortly after their arrival, the father, mother, and oldest son died in an epidemic, leaving seven orphan children to be cared for by compassionate friends and neighbors. William Wilberforce Mann was adopted by a resident of Augusta, Colonel John McKinne. Of his schooling we have no particulars, but he was admitted to the bar in or around 1830.

After practising law some fifteen years, Mann retired and set out for Paris, where he managed to eke out the income from his modest savings by writing for American newspapers, including the Washington *National Intelligencer,* the New York *Courier and Enquirer* and, fortunately for Baudelaire, the *Southern Literary Messenger* of Richmond, Virginia. In his private library in Paris, Mann had a file of the *Messenger* which was probably unique in Europe, comprising Volumes One to Four (for the years 1834 to 1838), and Fourteen to Eighteen (1848-52).[48] The collection therefore included all the issues that appeared during Poe's editorship, mentioned by Baudelaire in his 1852 essay,[49] as well as the volumes for 1849 and 1850, containing two articles which Baudelaire was to find invaluable. The first was an obituary of Poe by the editor of the *Messenger,* John R. Thompson, published in the number for November 1849. The other was a long review article, inspired by the publication of the first two volumes of the Redfield edition of Poe's works and printed in the number for February 1850. Although it bore no signature, it is known to have been written by John Moncure Daniel. Far more than a perfunctory book review, it constituted the most thorough and complete study of Poe's life and works that had appeared up to that time. Baudelaire could not have been more fortunate than to come by this extraordinary article.

Baudelaire referred to Mann in a letter written on 16 September 1852, in which he explained to Maxime Du Camp his failure to submit a manuscript at the appointed time:

Je vous écris pour vous dire que la nécessité de trouver un certain M. Mann de qui dépend l'interprétation d'UNE LACUNE et de PASSAGES littéralement INTRADUISIBLES, parce qu'ils sont *altérés* suivant moi, m'a empêché d'envoyer hier matin le manuscrit de *The Pit and the Pendulum* à l'imprimerie, mais qu'il est prêt, et que, quand même je ne pourrais pas collationer *aujourd'hui* mon édition anglaise sur l'ancienne édition américaine de M. Mann, j'enverrais d'une manière *positive* mon travail *demain,* sauf a combler la petite lacune à la correction des épreuves.[50]

Mann is also mentioned in a note in Baudelaire's *Fusées,* dated 13 May 1856:

Prendre des exemplaires à Michel.
Ecrire à Mann.[51]

Little else is known of Mann's relations with Baudelaire. In the small notebooks he used to jot down the titles of articles he read in the French press for possible material for his contributions to American periodicals, Mann referred twice to Baudelaire's translations of Poe in *Le Pays,* beginning 25 July 1854. And, near the end of the notebook covering the last months of his ten-year stay in Paris, there is this address: 'Baudelaire 18 Angouleme [*sic*] du Temple.'[52]

Mann returned to the United States early in 1856. For a while he was literary editor of a small magazine in Augusta, Georgia, but he soon resigned in favour of his friend, John R. Thompson, and moved to New York City, where he spent the rest of his life. During the Civil War, he was on the staff of the New York *Daily News,* for which he wrote a series of editorials of a violently Copperhead bias; his Southern rearing completely outweighed his New England ancestry and birth. After the war, Mann lost his money in ill-advised speculation and spent his declining years in near-poverty and solitude, looked upon by his neighbors as a pitiful eccentric. On 20 February 1885, his body was found on the floor of his small apartment in Brooklyn, surrounded by all that remained of his worldly possessions: an enormous collection of old newspapers, books, manuscripts, and letters. He had just passed his seventy-sixth birthday.[53]

No trace of any correspondence which he may have had with Baudelaire has been found.

VII 'Edgar Allan Poe: sa vie et ses ouvrages'

Thanks to Mann's timely assistance, Baudelaire was finally in a position to undertake the article on Poe's life and works which was to serve as a prelude to his translation of the tales. The unfavourable conditions under which he had to work are described in a letter to his mother:

C'est écrit avec ardeur; mais tu y découvriras sans doute quelques lignes d'une extraordinaire surexcitation. C'est la conséquence de la vie douloureuse et folle que je mène; puis c'est écrit la nuit; quelquefois en travaillant de *dix heures à dix heures*. Je suis obligé de travailler la nuit afin d'avoir du calme et d'éviter les insupportables tracasseries de la femme avec laquelle je vis. Quelquefois je me sauve de chez moi, afin de pouvoir écrire, et je vais à la bibliothèque, ou dans un cabinet de lecture, ou chez un marchand de vin, ou dans un café, comme aujourd'hui.[54]

Baudelaire submitted his manuscript to the *Revue de Paris* and was notified of its acceptance by one of the editors, Maxime Du Camp:

J'ai reçu effectivement les 18 pages de copie que vous aviez adressées à Théophile Gautier et je les ai envoyées à l'imprimerie où elles ne seront mises en main qu'après les trois articles qui précèdent le vôtre.

Je ne sais pas encore si une coupure sera nécessaire, mais d'après la composition du numéro, il me semble très difficile que vous puissiez passer en une seule fois. Au reste, quand nous en serons là, j'aurai l'honneur de vous prévenir en vous priant aussi de mettre une grande célérité dans la correction des épreuves, car notre mois est un peu court et il importe de toujours arriver à temps.[55]

The tone of this note, while not exactly cordial, was less peremptory than another that came from Maxime Du Camp a short time later:

M.C. Baudelaire:

Vos épreuves seront prêtes à être corrigées samédi, 21 courant, à midi, à notre imprimerie, 5, rue des Grands-Augustins, chez Pillet fils aîné. – Je vous prie d'y mettre grande diligence et de donner le Bon à tirer séance tenante.[56]

The resentment caused by this epistle was recorded by the faithful Asselineau:

B. me raconta un jour avec véhémence qu'il avait reçu de Ducamp [*sic*] un billet ainsi conçu: "Monsieur Charles Baudelaire, allez corriger vos épreuves, à l'imprimerie Pillet!" Il fallait lui entendre déclamer cette phrase qu'il trouvait singulièrement impertinente.[57]

Despite his anger, Baudelaire no doubt proceeded to the printer's and corrected the proofs of his article. In fact, he seems to have done so a bit too hastily, as the following letter implies:

Dimanche, 22 février 1852

Monsieur le Correcteur,

Je crois qu'il vaut mieux que je vous avertisse aujourd'hui que Demain de deux oublis que j'ai commis.

En tête de l'article entre le titre et la première ligne, il faut mettre le chiffre romain i.

Ayez l'obligeance de chercher le passage où il est question de la mort de Poe, c'est à peu près 3 ou 4 pages avant la fin, et après:

Et ce fut dans un de ces lits que mourut l'auteur du Chat noir et d'Eureka, ajoutez:

, le 7 octobre 1849 à l'âge de 37 ans.

Ayez l'obligeance de vérifier toutes les corrections avec l'épreuve déjà corrigée par moi.

Veuillez agréer mes excuses pour tout ce tintouin.[58]

The corrections arrived in time and the first part of Baudelaire's essay appeared, under the title, 'Edgar Allan Poe, sa vie et ses ouvrages,' in the next issue of the *Revue de Paris* (N° 6, for March 1852, 138-56). The second and concluding installment was printed in the following number (N° 7, for April 1852, 90-110).

In a letter of 27 March 1852, Baudelaire informed his mother, who was then in Madrid with her husband, General Aupick, the French ambassador to Spain, of the publication of his article, expressing his satisfaction with it. He had reported a somewhat different view in a letter written one week before to his friend and future publisher, Poulet-Malassis:

J'ai fait imprimer, à la *Revue de Paris,* un gros article sur un grand écrivain américain. *Mais je crains bien que la première fois ne soit* la dernière. *Mon article fait tache.*[59]

Judging from the small number of references to it in the press, Baudelaire's great effort to publicize Poe appears to have had little effect, at least in France. An old friend, Ernest Prarond, alluded to it in passing as a 'vaillant article.'[60] A very frank appraisal, which did not please Baudelaire, came from Poulet-Malassis: 'La partie biographique est très-brillante, mais la partie philosophique entièrement à refaire.'[61]

There is some indication that foreign readers were more favourably impressed. One critic, in an article on Poe in a Swiss magazine, went out of his way to inform his readers that 'La *Revue de Paris* lui a consacré quelques pages dignes d'être lues.'[62] Another Swiss, Amiel, inscribed the following note in his journal for 20 April 1852: 'Ce qui m'a le plus frappé, c'est l'étude de Baudelaire sur un critique, poète et romancier de génie, mort dans le ruisseau à 39 ans, l'Américain *Edgar Allan Poe* ... Cette physionomie m'a extrêmement frappé et j'ai trouvé dans cette nature puissante, bizarre et malheureuse bien des points d'attache avec moi-même.'[63]

But the most noteworthy tribute to Baudelaire's essay came from a Russian magazine, *Panteon,* which published an almost complete translation in its issue for September 1852, only five months after its original publication in Paris.[64] This translation, hitherto unrecorded, was the first ever made of any of Baudelaire's writings. How peculiarly fitting that the choice should have fallen on this study of Poe! It is likely that Baudelaire never knew of the existence of this Russian translation. It is too bad that he did not, for the news might have helped to bolster his morale, at a time when he needed encouragement and, especially, all the evidence he could produce of his success as a writer, in order to counter the doubts of his mother and step-father.

VIII   Baudelaire's debt to Daniel

John Moncure Daniel was one of those talented and high-spirited gentlemen to whom the ante-bellum South owed much of its glamour. During most of his adult life, he was the editor of the Richmond *Examiner,* a newspaper dedicated totally and

violently to the cause of States Rights and, in particular, to
maintaining the institution of Negro slavery. It was said of
Daniel's editorials that they were 'logic and rhetoric on fire.' He
was as handy with the pistol as with the pen and was known
thoughout Virginia as the 'hero' of nine duels.[65] Shortly before
the Civil War, he was named United States Minister to Turin,
where he promptly provoked an international incident with a
letter that contained undiplomatic comments on his fellow dip-
lomats. Daniel's flamboyant career was cut short in 1865 by his
death at only forty years of age.

Daniel's review of the Redfield edition may have been
prompted by his personal acquaintance with Poe, during the latter's visit to Richmond in 1848. Indeed, Poe came perilously
near being one of Daniel's duelling victims; he received a formal
challenge, but the affair was settled amicably. Daniel did not
admire Poe the man, but he held him in high esteem as a writer.
When Poe returned to Richmond in 1849 to lecture on 'The Poetic Principle,' Daniel wrote a sympathetic and intelligent report
in his paper.

Daniel was only twenty-five when he reviewed Poe's collected works for the *Southern Literary Messenger.* The fire of
youth and a natural gift for vituperation are displayed in the very
beginning of his article, where he refers to the three editors of
the Redfield volumes as 'horny-eyed dunces,' before attacking
each in turn. For Daniel, N.P. Willis was 'the man-milliner of
our literature,' Griswold was (ironically) 'the great Apollo of
our literary heavens,' while James Russell Lowell was a
'literary insect,' detestable because of his 'sable sympathies'
and his Abolitionist views.

Daniel's review caught John R. Thompson, the editor of the
Messenger, by surprise and caused him such acute embarrass-
ment that he felt it advisable to print the following disclaimer
in the same issue:

The Editor of the Messenger deems it proper to say with reference to
the article on Edgar Allan Poe, that it was furnished to the printers during his absence from the city, and he did not see it before the sheets
had gone through the press. He cannot permit the present number to
go forth without the expression of his regret at the general tone of the
criticism directed against two of the Editors of the collected edition of
Mr Poe's works – Messrs Willis and Griswold. This latter gentleman
is well known to the public as a laborious and successful worker in the
fields of American letters, and to those who are honored with his per-

sonal acquaintance, as among the kindest and most estimable of men. He has done more, perhaps, than any other person living to incite the ambitious young authors, and to raise up a literary class among a people devoted almost exclusively to the pursuits of trade and the learning of the price-current. Of Mr Willis it is scarcely necessary to say a word. He is at once an honorable gentleman, and a brilliant writer, an ornament to the literature and society of his country. The Editor regrets the tone of his contributor's remarks with regard to these gentlemen the more, because he happens to know (what doubtless his valued contributor did *not*) that Mr Poe had received frequent attention at their hands, which he was ever ready warmly to acknowledge. As for the edition itself, the Editor has already had occasion to speak of it,[66] and as for Mr Lowell the article contains not one word too harsh for *him* ...[67]

In addition to his public expression of regret, Thompson also wrote a private letter of apology to his friend, Griswold, along the same lines:

I can hardly express the mortification I felt, upon my return, at finding in the sheets of the forthcoming number of the Messenger the coarse abuse of yourself and Willis, which disfigured the article on Poe. At first I ordered it suppressed, at any expense, but being informed that this would delay the number most unreasonably, I was compelled to send it forth with my personal disclaimer by way of *amende honorable*. I had indeed given the writer of the article *carte blanche* to say what he pleased, but I had not the faintest conception that this freedom would have been abused by attacks upon my esteemed friends. I am sure you did me the justice, before reading the Editorial note, to suppose that I had no hand in the preparation of such vulgar and unmerited strictures ... [68]

After his preliminary salvo directed at the three damyankees, Daniel got down to business and produced a truly remarkable study of Poe. It began with a sketch of Poe's life, founded, according to the author's own statement, on the *New York Tribune's* obituary,[69] on Griswold's notice in the *Prose Writers of America*,[70] on the contribution by Willis to the first volume of the Redfield edition and on Daniel's own personal acquaintance with Poe. This was followed by a detailed description of Poe's physical appearance, including the inevitable reference to his 'habits of intoxication.' The third and final section of the article was devoted to a fairly comprehensive discussion of

Poe's writings. It is important to note that Baudelaire, in his essay, dealt with these same subjects, in precisely the same order; he was therefore indebted to Daniel, in the first place, for the very structure of his essay.

Baudelaire was almost completely dependent on Daniel for the basic facts of Poe's life.[71] In general, this part of his essay is little more than a quite literal translation of the text of the *Southern Literary Messenger,* but the divergences are themselves significant. While he was not in a position to contest the accuracy of the facts, Baudelaire could, and frequently did, disagree with the interpretation given them by Daniel, whose personal animus against Poe he easily fathomed. He therefore did not hesitate to omit completely remarks that he considered derogatory or to 'edit' them in such a way as to turn them in Poe's favour. At times, he even went so far as to impugn the authenticity of his source by injecting a note of disbelief and rebuttal, obviously based on pure intuition, but, more often than not, striking nearer the truth than Daniel had come.

The second section of Baudelaire's essay, in which he describes Poe's appearance and characteristics, combines fragments from Daniel and from Thompson, interspersed with passages expressing his own views. The latter are usually not directly related to Poe but refer to Balzac and other French writers, with the deplorable state of American culture, or with the merry drinking customs that prevailed under the *ancien régime.*

In his analysis of Poe's works, Baudelaire devoted an inordinate amount of attention to the contents of the Wiley and Putnam edition of *Tales,* with summaries or quotations taken from seven of the twelve stories contained in that volume. He also took almost three pages to discuss 'Berenice,' which was not included in the Wiley and Putnam edition, but which he had been able to read in Mann's file of the *Messenger.*

Baudelaire disposes of Poe's verse in a single paragraph. His remarks on the subject are either taken bodily from Daniel, or else they are so vague as to be virtually meaningless. His comment on 'Dreamland' is typical. In this poem, according to Baudelaire, Poe attempted to portray 'la succession des rêves et des images fantastiques qui assiègent l'âme quand l'œil du corps est fermé.' Daniel had described the poem as 'the broken and fantastic images which swim before the half-closed eye of the mind, when the sense and the judgment are enveloped in sleep.' Even more curious is Baudelaire's treatment of Poe's most famous poem, 'The Raven.' Instead of presenting his own views, as one would naturally expect, Baudelaire merely translates those of Daniel, including a rapid summary of the content.

In his paragraph on *Arthur Gordon Pym,* Baudelaire again translates what Daniel has to say, with one notable exception: where the English reads 'The execution of the work is exceedingly plain and careless,' Baudelaire gives 'L'exécution de ce livre est excessivement simple et minutieuse.' One wonders whether the twist in meaning was simply the result of imperfect knowledge of English, or whether it should be regarded as another of Baudelaire's 'revisions.'

Finally, in speaking of *Eureka,* Baudelaire again turns to Daniel for the sum and substance of his comment. His concluding statement reveals a touch of ironic humour that was surely lost on the reader of 1852, as Baudelaire warns that *Eureka* is a most difficult book: 'Il faut le lire avec précaution et faire la vérification de ses étranges idées par la juxta-position des systèmes analogues et contraires.'

In short, practically the only criticism in Baudelaire's essay that could be termed original is that which concerns eight of Poe's tales; the rest is lifted bodily from Daniel's review in the *Southern Literary Messenger,* or, in a few instances, from Thompson's obituary notice. The only reasonable explanation for this wholesale borrowing is that, in 1852, Baudelaire had a firsthand acquaintance with only a very small part of Poe's writings. Among the major works he had almost certainly not laid eyes on were 'The Raven' (and most of Poe's other poems), *Arthur Gordon Pym, Eureka* and, still more important, the critical essays on poetry and aesthetics, including 'The Philosophy of Composition.'

Baudelaire was therefore indebted to Daniel, not merely for providing him with information on Poe's life and personality, but also for something equally, if not more, crucial: a broad, if vicarious, view of Poe's work. He might have written his essay on Poe, even without Daniel's aid, but he would not have been able to write it in 1852.

IX Gleanings from Thompson

The Southern Literary Messenger could hardly have allowed the death of its most successful former editor to pass unnoticed, so, in the issue for November 1849, the current editor, John R.

Thompson, paid his respects to his illustrious predecessor. His obituary notice was a valuable source of information for Baudelaire. He paraphrased Thompson, instead of translating him directly, as he had Daniel. Certain phrases, however, underwent little change: Thompson's characterization of Poe as 'an impersonated antithesis' became, in Baudelaire's text, 'une antithèse faite chair.' As he often did with Daniel's testimony, Baudelaire omitted anything that he considered derogatory. Thus, in the sentence: 'The death of Mr Poe occasioned a very general feeling of regret, although little genuine sorrow was called forth by it, out of the narrow circle of his relatives,' Baudelaire retained only the words that precede the first comma. Thompson's contributions to Baudelaire's essay were less numerous than those of Daniel, but they were far from negligible, as the reader can see for himself by referring to the textual notes on lines 662–5 (on Poe's death), 880–8 (on Poe's editorship of the *Messenger*), and 907–17 (on Poe's style and the enmity aroused by his severe reviews).

John Reuben Thompson was born at Richmond in 1823. After his graduation from the University of Virginia, he practised law until 1847, when his father, a well-to-do merchant, purchased the *Southern Literary Messenger* and installed him as the editor. Soon after Mann's arrival in Paris, Thompson commissioned him to write a series of Paris letters for the *Messenger*.

During the summer of 1854, Thompson made a tour of Europe. A dispatch by his friend Mann to the *National Intelligencer*, under the date-line of 26 June, announced his presence in Paris: 'Americans abound here this summer even in greater numbers than usual ... Among our countrymen at present here are Maj. Abraham Van Buren, of the U.S. Army, Mr T., of the Southern Literary Messenger, and a dozen or more gentlemen from the Old Dominion.'[72]

During his stay in the French capital, Thompson was taken in tow by Mann, who introduced him to various notabilities, a favour that he acknowledged in his 'Notes of European Travel,' published in the *Southern Literary Messenger* for July 1855: 'I desire to return my grateful acknowledgments to William W. Mann, Esq., the distinguished Paris correspondent of the *National Intelligencer* (and well known to readers of the Messenger as formerly a regular contributor to its pages) for his kindness in presenting me to M. Scheffer [the painter], whose courteous reception I shall never forget.'[73]

It is perhaps not beyond the realm of possibility that one of
the Parisians that Thompson encountered during his visit was
the French writer who had borrowed so freely from his obituary
of Poe. Knowing Baudelaire's passionate interest in everything
even remotely connected with Poe, Mann could have earned his
eternal gratitude by arranging a meeting with this heaven-sent
visitor, who had seen his idol in the flesh and who now occupied
the editorial desk that had once been Poe's.

One might even suspect Thompson of being the subject of
one of Asselineau's most amusing anecdotes concerning his
friend's obsession with Poe:[74]

Je l'accompagnais un jour à un hôtel du boulevard des Capucines, où
on lui avait signalé l'arrivée d'un homme de lettres américain qui devait
avoir connu Poe. Nous le trouvâmes en caleçon et en chemise, au
milieu d'une flotille de chaussures de toutes sortes qu'il essayait avec
l'assistance d'un cordonnier. Mais Baudelaire ne lui fit pas grâce: il fal-
lut, bon gré mal gré, qu'il subît l'interrogatoire, entre une paire de
bottines et un paire d'escarpins. L'opinion de notre hôte ne fut pas
favourable à l'auteur du *Chat noir*. Je me rappelle notamment qu'il nous
dit que M. Poe était un esprit bizarre et dont la conversation n'était pas
du tout *conséquioutive*. Sur l'escalier, Baudelaire me dit en enfonçant
son chapeau avec violence: – "ce n'est qu'un yankee!"[75]

Thompson fits the description of 'un homme de lettres américain qui devait avoir connu Poe.' He was also a man of means,
who could afford to put up at a fashionable hotel and treat himself to the best of Parisian apparel. In addition, Thompson's
opinion of Poe, if we may judge from the statements he made
at other times, was not of the sort to delight Baudelaire. In a
private letter written soon after Poe's death, he referred com-
placently to his repeated kindnesses to 'poor Poe,' whom he
claimed to have rescued from 'one of the lowest haunts of vice'
in the city of Richmond. One can imagine Baudelaire listening
patiently, if not approvingly, to this part of Thompson's statement, but he would surely have exploded with rage if Thompson
had added, as he did in the same letter, that 'no confidence could
be placed in him in any relation of life,' that 'he died, indeed,
in delirium from drunkenness: the shadow of infamy beclouded
his last moments,' and that 'a more unreliable person could
hardly be found.'[76]

There is, of course, a serious objection to the supposition
that the American visitor to Paris was Thompson: in the 1852

essay, Baudelaire quoted the American as saying *'il avait une converation qui n'était pas du consécutive!'* Now, Asselineau used the identical phrase in his anecdote: '[sa] conversation n'était pas du tout *conséquioutive.*' So, if the interview occurred before 1852, the American could hardly have been Thompson. This objection is perhaps not insurmountable, for Asselineau might have been confusing or combining two separate anecdotes. He could well have accompanied Baudelaire to the hotel on the boulevard des Capucines in 1854 and added to his account of the interview a phrase that he culled from the 1852 essay, with which he was undoubtedly acquainted. The striking similarity of the wording of the two quotations lends some plausibility to such an hypothesis; would Asselineau, in 1869, have recalled with such vividness almost the exact words of the American visitor, if he had not jogged his memory by consulting the 1852 essay?

x Histoires extraordinaires

With the publication of his essay on Poe's life and works Baudelaire completed the initial phase of his campaign on behalf of the American writer; he was now ready to turn to the second, translating the tales. He began with 'Berenice,' discovered in the *Southern Literary Messenger* for March 1835, and he published a French version of it in *l'Illustration* for 17 April 1852.

The edition of Poe's works he had ordered from London had still not arrived; in its stead he received a pirated edition put out by the firm of George Routledge under the title, *Tales and Sketches*.[77] The three translations by Baudelaire that followed 'Bérénice' were all based on this text, which was filled with misprints, causing Baudelaire much annoyance.[78] One of them must have been particularly infuriating. In 'A Tale of the Ragged Mountains,' where Poe referred to 'the soul of man,' the English typesetter, presumably working from dictation, substituted 'the sole of man,' which Baudelaire rendered as 'le pied de l'homme.' It was not until much later, when he had acquired the American edition, that he changed the phrase to read 'l'âme de l'homme.' These misprints, exasperating as they were to the translator, aid us today in identifying with precision those translations that were made from Routledge's pirated edition. They were 'Le Puits et le Pendule' (*Revue de Paris*, October 1852), 'Philosophie d'Ameublement' (*Magasin des Familles*, October

1852), and 'Une Aventure dans les Montagnes rocheuses' (*L'Illustration*, 11 December 1852).

On 4 February 1853, Baudelaire published in the newspaper *Paris* a translation of 'The Tell-Tale Heart,' clearly based on the Redfield edition, which he had at long last managed to acquire. All of his subsequent translations were based primarily on that edition. He published only five during 1853, not because of a lack of activity on his part, but because of the reluctance of newspaper editors to accept them for publication. Eventually, perhaps through the intercession of his friend Barbey d'Aurevilly, he gained access to the *feuilleton* of an important newspaper, *le Pays*, which printed thirty-seven of his translations, between 25 July 1854 and 20 April 1855, under the running title of *Histoires extraordinaires*. Then, in March 1856, twelve of the translations appeared in a volume bearing the same title and the imprint of Michel Lévy frères.

It was Baudelaires' intention originally to use the 1852 essay as the preface to this volume of translations. On second thought, he decided that it was not suitable. He explained this decision in a letter of 10 July 1855:

D'abord, il y a des erreurs matérielles, et d'ailleurs je sais maintenant beaucoup de documents nouveaux. Dans la nouvelle préface, il n'en restera que quelques bonnes pages.[79]

The revision of the 1852 essay occupied Baudelaire several months, at least. On 24 December 1855, he confessed to a friend:

La quantité des lectures que j'ai à faire en huit jours, et ma PREFACE *me tourmentent amèrement...*[80]

A reference in the text of the preface to the date of Nerval's death ('il y a aujourd'hui, 26 janvier, juste un an') shows that Baudelaire was still working on the revision in late January 1856; on 25 February, an extract was published in *Le Pays*, indicating perhaps that the task had been completed.

When the volume of *Histoires extraordinaires* was published by Michel Lévy in mid-March, Baudelaire sent a copy to his mother, with a letter in which he said: 'Lisez la notice: – ce n'est pas celle que vous connaissez. – Il n'est pas resté 50 lignes de la première.'[81]

In making this claim, Baudelaire exaggerated, perhaps

unconsciously. Far more than fifty lines of the 1852 text remained untouched in 1856; basically, the two texts are quite similar. The most radical differences involve omissions: the passages on the importance of the youthful years in the shaping of character, on literary drunkards of the seventeenth and eighteenth centuries, as well as the long quotation from 'William Wilson' were dropped entirely. But the most extensive omission by far was the analysis of Poe's works, which had occupied almost all the third part of the original essay. It is curious to observe that the passages that were sacrificed in 1856 were, for the most part, precisely those which were the distinctly original ones, expressing Baudelaire's own ideas and owing nothing to Daniel or Thompson.

Of the paragraphs added in 1856, two are devoted to comparing the characters of Willis and Griswold, to the latter's disadvantage, naturally. If Baudelaire had totally ignored Griswold in the 1852 essay, it was simply because he had not yet read the notorious 'Memoir' prefixed to the third volume of the Redfield edition; once he had done so, he was in no doubt of the malevolent hypocrisy of the man whom he later stigmatized as a 'pédagogue-vampire.' As a result of this distrust, he made relatively little use of Griswold's testimony when he revised the 1852 essay.

On one point, the date of Poe's birth, Baudelaire even ventured to 'correct' Griswold. Both, as it turns out, were incorrect. So convinced was Baudelaire of Griswold's utter villainy that he charged him with one misdeed of which he was innocent.

Immédiatement, – dit Griswold, ce qui veut dire: il se croyait donc assez riche, l'imbécile! – il épousa une jeune fille, belle, charmante, d'une nature aimable et héroïque, mais *ne possédant pas un sou,* – ajouta le même Griswold avec une nuance de dédain.[82]

Actually, the words 'immediately' and 'without a cent,' which so aroused Baudelaire's ire, came from Daniel, not from Griswold.

Another source used by Baudelaire in revising the 1852 essay was an edition of the *Poetical Works* of Poe, with an introduction by James Hannay (London: Addey 1853). It may have been from Hannay that Baudelaire took the expression, 'avec une nuance de dédain,' which he mistakenly attributed to Griswold. Certainly, Hannay's introduction provided him with one of his most devastating jibes at Poe's editor: 'Il n'existe donc pas en Amérique d'ordonnance qui interdise aux chiens l'entrée des cimetières?'[83] Baudelaire was fond of this phrase: he repeated it in his note on De Quincey's death: 'Déjà, à propos des étranges oraisons funèbres qui suivirent la mort d'Edgar Poe, j'ai eu occasion d'observer que le champ mortuaire de la littérature est moins respecté que le cimetière commun, où un règlement de police protège les tombes contre les outrages innocents des animaux.'[84] The originator of this insult to Griswold was not Baudelaire, but Hannay, whose introduction contained the query: 'Have they not in America, as here, a rule at all cemeteries that "no dogs are admitted"?'[85]

Thus, in spite of Baudelaire's claim that the preface to *Les Histoires extraordinaires* was based on many new documents, he seems to have used only two: the Redfield edition and Hannay's introduction. From them he took a few facts or suggestions, which did not radically alter the content or impact of the 1852 essay. The major emphasis in Baudelaire's revision was on compression (the preface is only a little more than half as long as the earlier text) and on stylistic improvement.

xi Conclusion

For most lexicographers, a plagiarist is one who appropriates, purloins, or steals the words, writings, or ideas of another, and passes them off as his own. In the light of this definition, by translating page after page from Daniel's article in the *Messenger* and using them in his 1852 essay on Poe, Baudelaire would appear to have been guilty of flagrant plagiarism. Actually, the matter is not quite so simple as it may seem. In cases of apparent plagiarism, there are sometimes extenuating factors which may reduce the seriousness of the offence, to the point of rendering it venial.

In judging Baudelaire's behaviour, we must first of all take into account the literary mores of his time, and not attempt to convict him on the basis of practices and attitudes that prevail in our own time. During the first half of the nineteenth century, 'borrowing' from foreign authors was not regarded as particularly reprehensible. Soon after Poe died, his works were pirated in London, by two separate publishers, without any great hue and cry resulting. The *Messenger* itself often printed stories labeled 'Translated from the French,' with no indication of their source or the author's name. Furthermore, as we have seen, Brunet and Forgues used Poe's 'Murders in the Rue Morgue,' with no mention of Poe's authorship. When Forgues was accused of having plagiarized Brunet, he defended himself simply by saying that both had found their material in the works of an unknown American writer, Edgar Allan Poe. Evidently, stealing from a fellow-countryman was a crime, but stealing from a foreigner was permissible.

Any stigma that might be attached to the unauthorized use of foreign material was further reduced if the original work happened to be unsigned, which almost placed it in the public domain. Since Daniel's article appeared in the *Messenger* anonymously, Baudelaire may have felt that he could use it freely, without taking bread from the mouth of a fellow-writer.

Admittedly, this line of defence, or justification, is a trifle weak, but another may be more convincing.[86] The lexicographers all condemn plagiarism, by implication at least, by using the words 'purloin' or 'steal,' without distinguishing between the possible motives of the alleged plagiarists. In the present instance, such a distinction is indispensable – indeed, it is the crux of the problem. We usually take it for granted that the ordinary plagiarist filches from another's work for selfish reasons, for monetary gain or to enhance his own reputation as a writer. There is little reason to believe that Baudelaire had any such purpose in mind. For his forty-page article, the *Revue de Paris* paid him exactly seventy-two francs fifty centimes, amounting to only thirty-seven cents a page.[87] So much for the pecuniary benefit he derived.

There is no doubt whatever that Baudelaire's chief motivation, in writing the 1852 essay, was his desire to defend Poe against his detractors and to present him to the French public in the most favourable light. The same altruistic spirit that prompted him to come to the support of Wagner, Delacroix, and others who were, in his eyes, attacked or unjustly neglected, presided over the composition of his essay on Poe, as it did over the long line of translations that followed. Baudelaire himself described the essay as 'une biographie apologétique.'[88] Its aim was not scholarly, but frankly propagandistic, in the best sense of the word. Baudelaire made his intention crystal-clear in a letter he wrote to Sainte-Beuve in 1856:

Il faut, c'est à dire je désire que Mr Poe, qui n'est pas grand'chose en Amérique, devienne un grand homme pour la France ... [89]

Needless to say, the writers of Baudelaire's day did not have at their disposal such useful guides as *The PMLA Style Sheet.* A glance at one of Sainte-Beuve's 'Causeries du Lundi' will show that footnotes and bibliographies were not regarded as necessary, especially in a semi-popular magazine like the *Revue de Paris.* It is futile, therefore, to regret that Baudelaire did not employ the scholarly techniques that are taken for granted today. The fact that Baudelaire frequently translated Daniel's text, instead of paraphrasing it, might be explained by his desire to reproduce, as accurately as possible, the *facts* provided by Daniel, while remaining free, of course, to differ in the interpretation of those facts.

In the last analysis, the principal value of the disclosure of the hidden sources of the 1852 essay does not lie in the fact that it reveals that Baudelaire skirted the edge of plagiarism, but rather in what it can tell us of the Poe-Baudelaire relationship. Much, perhaps too much, has been written on the subject of Poe's influence on Baudelaire. As long as it was thought that Baudelaire became acquainted with Poe as early as 1846 and that he immediately acquired all the editions of Poe's works and most of the American articles written on him, it was easy to exaggerate the degree of Poe's influence and to extend it to include most of Baudelaire's earliest writings. Now that we know that, as late as 1851, Baudelaire's knowledge was limited to the twelve stories contained in the Wiley and Putnam edition, it becomes quite clear that any early influence by Poe was limited, or non-existent.

It is a matter of record that by 1850, Baudelaire had written a great many of his poems, enough to fill two manuscript volumes. Since, in 1852, Baudelaire had not seen the Redfield edition, Poe's own verse or his theoretical treatises on poetry could not have had the slightest effect on the composition of the early works. No one would dispute the obvious fact that definite signs of Poe's influence are found in the poems Baudelaire wrote after 1852. Much of the influence that has been attributed to Poe belongs, in fact, to French writers whom Baudelaire admired in his formative years: Gautier, Sainte-Beuve, Barbier, Borel, and others. Baudelaire's ideas on the 'heresy of didacticism' were inspired by Gautier, long before 1852, although Baudelaire was happy to find that Poe shared them. As some of the more perspicacious critics have recognized, and as Baudelaire himself realized, what Poe contributed was not a stock of new ideas and principles, but rather the welcome confirmation of ideas and principles he had already arrived at. However much the 'affinity' theory may have been over-stated, it cannot be denied that some such affinity did exist. At any rate, Baudelaire thought so and may be that is what really matters.

In a letter to his mother, written in 1854 to accompany a gift of the English edition of Poe's *Poetical Works,* Baudelaire drew her attention to this affinity:

Ce qu'il y a d'assez singulier, et ce qu'il m'est impossible de ne pas remarquer, c'est la ressemblance intime, quoique non positivement accentuée, entre mes poësies propres et celles de cet homme, déduction faites du tempérament et du climat.[90]

A similar view is expressed in a letter to his publisher, Michel Lévy:

J'ai consacré beaucoup de temps à Edgar Poe parce qu'il me ressemble un peu. Je ne suis pas traducteur.[91]

Finally, the definitive and most striking statement by Baudelaire of his feeling toward Poe is to be found in a famous letter to the art critic, Théophile Thoré, who had accused Manet of imitating Goya:

Eh bien! on m'accuse, moi, d'imiter Edgar Poe!

Savez-vous pourquoi j'ai si patiemment traduit Poe? Parce qu'il me ressemblait.[92]

Notes

1 L. Seylaz, *Edgar Poe et les premiers symbolistes français* (Lausanne: La Concorde 1923), 45
2 In a letter from Woodberry to Léon Lemonnier. See the latter's book, *Les Traducteurs d'Edgar Poe en France de 1845 à 1875* (Paris: Presses universitaires 1928), 187–9.
3 See my article, 'An Imaginary Translation of Poe,' *Revue de littérature comparée*, 23e année (janvier-mars 1959), 87–90.
4 Notably James A. Harrison, Curtis Hidden Page, and George E. Woodberry; see the article cited in the preceding note.
5 John H. Ingram, *Edgar Allan Poe* (London: Ward, Locke, Bowden 1891), 479
6 (New York: Sabin 1885). Sabin lists the following item (xv, 217): 'Poe. Les contes d'Edgar Poe. *Paris*. [1846?], 12 mo.' In a note on p. xiii of vol. I, Sabin stated that 'Whenever possible, I have examined the books for myself ... Of those not within my reach, I have been compelled to content myself with such descriptions as have come under my notice ... sometimes even from a less trustworthy source – a Bookseller's catalogue.' It would appear that, in the case in point, Sabin used one of his less trustworthy sources.
7 XLIV (September 1916), 45
8 The first collection of Poe's tales, *Tales of the Grotesque and Arabesque*, was published by Lea and Blanchard at Philadelphia in 1840.
9 *Literary History of the United States*, by R.E. Spiller and others. Rev. ed. in one volume (New York: Macmillan 1957), 631.
10 In a personal letter to the editor
11 See my article 'Were the Russians the First to Translate Poe?' in *American Literature*, XXXI (January 1960), 479–80.
12 Lubov Keefer, 'Poe in Russia,' in *Poe in Foreign Lands and Tongues. A Symposium* ... (Baltimore: The Johns Hopkins Press 1941), 13
13 See my article, 'Baudelaire and Poe,' *The Texas Quarterly*, I (January 1958), 28–35.
14 See my article, 'Poe's Secret Translator: Amédée Pichot,' *Modern Language Notes*, LXXIX (May 1964), 277–80.
15 See my article, 'Amédée Pichot: premier traducteur de Poe,' *Bulletin Baudelairien*, II (31 août 1966), 12.
16 Lemonnier, *Les traducteurs d'Edgar Poe en France de 1845 à 1875*, 15
17 W.T. Bandy, *The Influence and Reputation of Edgar Allan Poe in Europe* (Baltimore: Frank T. Cimino Company 1962), 6–8.
18 Lemonnier, *Les Traducteurs d'Edgar Poe en France de 1845 à 1875*, 30–40
19 John Charpentier, *Baudelaire* (Paris: Tallandier 1937) 138
20 Mme Meunier's translation was reprinted by newspapers in Le Havre, Valognes, and even in Belgium, at Liège.
21 Reprinted by newspapers in Le Havre, Angoulême, Montauban, and Saint-Omer.
22 Baudelaire, *Correspondance générale*, tome III (Paris: Conard 1948), 41
23 Eugène and Jacques Crépet, *Charles Baudelaire* (Paris: Messein 1906), 92
24 The note to 'Bérénice' was first attributed to Baudelaire by Léon Lemonnier in his article 'Baudelaire, Edgar Poe et le romantisme,' *Mercure de France*, CLXV (1er août 1923), 810–17, and reprinted in his *Enquêtes sur Baudelaire* (Paris: Crès 1929), 87–97.

25 François Porché, *La Vie douloureuse de Ch. Baudelaire* (Paris: Plon 1926), 163

26 See note 19, above.

27 *Baudelaire et Asselineau,* ed. by Jacques Crépet and Claude Pichois (Paris: Nizet 1953), 93

28 *Ibid.,* 175

29 Lemonnier, *Les Traducteurs d'Edgar Poe en France de 1845 à 1875,* 106

30 *Corresp. gén.,* I, 272

31 W.T. Bandy, *Baudelaire Judged by his Contemporaries* (New York: Institute of French Studies 1934), 136

32 From the manuscript in the collection of the Center for Baudelaire Studies, Vanderbilt University

33 See W.T. Bandy, 'Baudelaire et Croly: la vérité sur *le Jeune Enchanteur*,' *Mercure de France,* CCVIII (février 1950), 233–47.

34 Arthur Ransome, *Edgar Allan Poe; A Critical Study* (London: Secker 1910), 225

35 See Baudelaire, *Lettres inédites aux siens* (Paris: Grasset 1966), 144–5, for proof that Baudelaire was interested, while still in secondary school, in animal magnetism, which he referred to as 'une science dont il faudrait prendre quelques notions au sortir du collège.'

36 There may have been some talk of Poe in certain circles, but we have no evidence of it. If Baudelaire meant that there had been much published discussion of Poe, he was certainly exaggerating.

37 This word is omitted in all modern editions.

38 Given incorrectly in all modern editions as 'inspiration'

39 Misprinted in 1848 as 'préoccupatio'

40 The final paragraph was undoubtedly added by the editors of *La Liberté de penser,* who prided themselves on dealing usually with only such 'serious' matters as economics and politics.

41 See Jules Mouquet and W.T. Bandy, *Baudelaire en 1848* (Paris: Emile Paul 1946).

42 Curtis Hidden Page, 'Poe in France,' *The Nation* (New York), LXXXVIII (14, Jan. 1909), 32

43 *Baudelaire et Asselineau,* 94

44 *Ibid.,* 92

45 *Corresp. gén.,* I, 144–5

46 *Baudelaire et Asselineau,* 94

47 See his letter to Armand Fraisse, *Corresp. gén.,* IV, 41

48 The Virginia State Library possesses a substantial collection of Mann's personal papers and records, among them ten small notebooks, in which he listed the articles he read in the French press, as well as other memoranda. In the last volume, covering 1856, is found a catalogue of his private library, drawn up in preparation for his imminent return to America.

49 See the text of Baudelaire's essay, lines 886–8.

50 *Corresp. gén.,* I, 175–6

51 Baudelaire, *Œuvres posthumes,* ed. by Jacques Crépet (Paris: Conard 1939), I, 61

52 Baudelaire lived at this address for five or six months, from December 1855 until May 1856. See *Corresp. gén.,* I, 366 and 387.

53 A long obituary notice was published in the *New York Herald* on 22 February 1885.

54 Letter dated '27 mars 1852,' *Corresp. gén.,* I, 160–1

55 E. and J. Crépet, *Baudelaire et Asselineau,* 354

56 *Ibid.,* 355

57 *Baudelaire et Asselineau*, 178–9
58 *Corresp. gén.*, I, 148–9
59 *Ibid.*, I, 158
60 *De quelques écrivains nouveaux* (Paris: Michel Lévy 1852), 191
61 'Edgar Allan Poe. Le Corbeau,' *Journal d'Alençon*, 9 janvier 1853
62 B., 'Edgar Poe's Tales.' *Bibliothèque universelle de Genève*, XX (mai 1852),
    105. The author of this article may well have been Thalès Bernard.
63 Amiel, 'Journal intime: pages inédites,' ed. by Léon Bopp. *Revue de Paris*,
    LXIV (février 1957), 40–1
64 *Panteon* [transliteration]. No. 9, 1852, 1–34. The anonymous translator took
    liberties with the text and neglected to mention that the real author of the
    article was Baudelaire.
65 Mary E. Phillips, in *Edgar Allan Poe, the Man* (Chicago, Philadelphia,
    Toronto: Winston 1926), 1305, prints a photograph of Daniel and calls him
    'Fire-eating Daniel, who was a "dead shot".'
66 'Notices of New Books,' *Southern Literary Messenger*, XVI (February
    1850), 128
67 'Editorial Note,' *Southern Literary Messenger*, XVI (March 1850), 192
68 Unpublished letter from Thompson to Griswold, dated 'Richmond 2 April
    1850.' Original in the Griswold papers, Boston Public Library
69 Signed 'Ludwig,' but known to be by Griswold, this obituary appeared in
    the *New York Tribune* for 19 October 1849. Reprinted in Poe's *Works,* ed.
    J.A. Harrison (New York: Crowell 1902), I, 348–59.
70 (Philadelphia: Carey and Hart 1849)
71 Daniel's article did not give the date of Poe's death, so Baudelaire must have
    learned it from another source, perhaps from the American consul in Paris.
    See the note on line 577 of the 1852 essay.
72 From a clipping in a scrapbook of Mann's in the Virginia State Library
73 *Southern Literary Messenger,* 351
74 *Baudelaire et Asselineau*, 94–5
75 By 'yankee,' Baudelaire presumably meant 'American,' in a pejorative
    sense.
76 Thompson's letter, addressed to E.H.N. Patterson and dated '9 Nov. 1849,'
    is printed in A.H. Quinn, *Edgar Allan Poe. A Critical Biography* (New York:
    Appleton-Century 1941), 569–70.
77 Edgar A. Poe, *Tales and Sketches; to which is added the Raven, a Poem*
    (London: Geo. Routledge & Co., Farringdon Street 1852). The volume con-
    tains eighteen stories reprinted from the Redfield edition. Baudelaire also
    owned a copy of Poe's *Tales of Mystery, Imagination, & Humour*, in two
    volumes. The first series, containing eight stories and eleven poems, was
    published in London by Henry Vizetelly and Clarke & Co. in 1852. The sec-
    ond series, undated, was published in London by Clarke, Beeton & Co., and
    contained fourteen stories and nine poems. The volumes were numbers I and
    IX respectively in the series, 'Readable Books.' See *Corresp. gén.*, VI,
    68–72, for a list of Poe's works drawn up by Baudelaire.
78 *Corresp. gén.,* I, 175, quoted above (p. xxvi)
79 *Corresp. gén.*, VI, 14
80 *Corresp. gén.*, I, 362
81 *Ibid.*, 378
82 Poe, *Histoires extraordinaires*, ed. by J. Crépet (Paris: Conard 1932), XV
83 *Ibid.*, IX
84 Baudelaire, *Les Paradis artificiels*, ed. by J. Crépet (Paris: Conard 1928),
    157

85 *The Poetical Works of Edgar Allan Poe*, ed. James Hannay (London: Addey 1853), xxiv-xxv

86 An anonymous (but benevolent) reader of the manuscript of this edition comments: 'I don't myself find the first line of defence "a trifle weak." And would it not be possible somewhere in the Conclusion to refer to the frequent interventions by Baudelaire which keep on straightforwardly indicating that he is using American sources, and at intervals attacking them?' I agree entirely and regret that I did not make the point more strongly, in addition to the remarks in the notes on lines 408–9 and 433–8 of the essay.

87 *Corresp. gén.*, vi, 104

88 *Œuvres posthumes*, ii, 135

89 Corresp. gén., i, 380

90 *Ibid.*, 266

91 *Corresp. gén.*, v, 45

92 *Corresp. gén.*, iv, 277

EDGAR ALLAN POE: SA VIE ET SES OUVRAGES

Text of Baudelaire's essay, as published in the *Revue de Paris*,
March and April 1852

Edgar Allan Poe: sa vie et ses ouvrages

I

Il y a des destinées fatales; il existe dans la littérature de chaque pays des hommes qui portent le mot *guignon* écrit en caractères mystérieux dans les plis sinueux de leurs fronts. Il y a quelque temps, on amenait devant les tribunaux un malheureux qui avait sur le front un tatouage singulier: *pas de chance*. Il portait ainsi partout avec lui l'étiquette de sa vie, comme un livre son titre, et l'interrogatoire prouva que son existence s'était conformée à son écriteau. Dans l'histoire littéraire, il y a des fortunes analogues. On dirait que l'Ange aveugle de l'expiation s'est emparé de certains hommes, et les fouette à tour de bras pour l'édification des autres. Cependant, vous parcourez attentivement leur vie, et vous leur trouvez des talents, des vertus, de la grâce. La société les frappe d'un anathème spécial, et argüe contre eux des vices de caractère que sa persécution leur a don-

15 nés. Que ne fit pas Hoffmann pour désarmer la destinée? Que n'entreprit pas Balzac pour conjurer la fortune? Hoffmann fut obligé de se faire brûler l'épine dorsale au moment tant désiré où il commençait à être à l'abri du besoin, où les libraires se disputaient ses contes, où il possédait enfin cette chère biblio-
20 thèque tant rêvée. Balzac avait trois rêves: une grande édition bien ordonnée de ses œuvres, l'acquittement de ses dettes, et un mariage depuis longtemps choyé et caressé au fond de son esprit; grâce à des travaux dont la somme effraye l'imagination des plus ambitieux et des plus laborieux, l'édition se fait, les det-
25 tes se payent, le mariage s'accomplit. Balzac est heureux sans doute. Mais la destinée malicieuse, qui lui avait permis de mettre un pied dans sa terre promise, l'en arracha violemment tout d'abord. Balzac eut une agonie horrible et digne de ses forces.
30 Y a-t-il donc une Providence diabolique qui prépare le malheur dès le berceau? Tel homme, dont le talent sombre et désolé vous fait peur, a été jeté avec *préméditation* dans un milieu qui lui était hostile. Une âme tendre et délicate, un Vauvenargues, pousse lentement ses feuilles maladives dans
35 l'atmosphère grossière d'une garnison. Un esprit amoureux d'air et épris de la libre nature, se débat longtemps derrière les parois étouffantes d'un séminaire. Ce talent bouffon, ironique et ultra-grotesque, dont le rire ressemble quelquefois à un hoquet ou à un sanglot, a été encagé dans de vastes bureaux à
40 cartons verts, avec des hommes à lunettes d'or. Y a-t-il donc des âmes vouées à l'autel, *sacrées* pour ainsi dire, et qui doivent marcher à la mort et à la gloire à travers un sacrifice permanent d'elles-mêmes? Le cauchemar des *Ténèbres* enveloppera-t-il toujours ces âmes d'élite? En vain elles se défendent, elles pren-
45 nent toutes leurs précautions, elles perfectionnent la prudence. Bouchons toutes les issues, fermons la porte à double tour, calfeutrons les fenêtres. Oh! nous avons oublié le trou de la serrure; le Diable est déjà entré

Leur chien même les mord et leur donne la rage.
50 Un ami jurera qu'ils ont trahi le roi.

Alfred de Vigny a écrit un livre pour démontrer que la place du poëte n'est ni dans une république, ni dans une monarchie absolue, ni dans une monarchie constitutionnelle; et personne ne lui a répondu.

C'est une bien lamentable tragédie que la vie d'Edgar Poe, 55
et qui eut un dénouement dont l'horrible est augmenté par le trivial. Les divers documents que je viens de lire ont créé en moi
cette persuasion que les Etats-Unis furent pour Poe une vaste
cage, un grand établissement de comptabilité, et qu'il fit toute
sa vie de sinistres efforts pour échapper à l'influence de cette 60
atmosphère antipathique. Dans l'une de ces biographies il est
dit que, si M. Poe avait voulu régulariser son génie et appliquer
ses facultés créatrices d'une manière plus appropriée au sol
américain, il aurait pu être un auteur à argent, a *making-money
author*; qu'après tout, les temps ne sont pas si durs pour 65
l'homme de talent, qu'il trouve toujours de quoi vivre, pourvu
qu'il ait de l'ordre et de l'économie, et qu'il use avec modération
des biens matériels. Ailleurs, un critique affirme sans vergogne
que, quelque beau que soit le génie de M. Poe, il eût mieux valu
pour lui n'avoir que du talent, parce que le talent s'escompte 70
plus facilement que le génie. Dans une note que nous verrons
tout à l'heure, et qui fut écrite par un de ses amis, il est avoué
qu'il était difficile d'employer M. Poe dans une revue, et qu'on
était obligé de le payer moins que d'autres, parce qu'il écrivait
dans un style trop au-dessus du vulgaire. Tout cela me rappelle 75
l'odieux proverbe paternel: *make money, my son, honestly, if
you can,* BUT MAKE MONEY. *Quelle odeur de magasin!* comme
disait J. De Maistre, à propos de Locke.

Si vous causez avec un Américain, et si vous lui parlez de M.
Poe, il vous avouera son génie; volontiers même, peut-être en 80
sera-t-il fier, mais il finira par vous dire avec un ton supérieur:
mais moi, je suis un homme positif; puis, avec un petit air sardonique, il vous parlera de ces grands esprits qui ne savent rien
conserver; il vous parlera de la vie débraillée de M. Poe, de son
haleine alcoolisée, qui aurait pris feu à la flamme d'une chan- 85
delle, de ses habitudes errantes; il vous dira que c'était un être
erratique, une planète *désorbitée*, qu'il roulait sans cesse de
New-York à Philadelphie, de Boston à Baltimore, de Baltimore
à Richmond. Et si, le cœur déjà ému à cette annonce d'une existence calamiteuse, vous lui faites observer que la Démocratie 90
a bien ses inconvénients, que malgré son masque bienveillant
de liberté, elle ne permet peut-être pas toujours l'expansion des
individualités, qu'il est souvent bien difficile de penser et d'é-
crire dans un pays où il y a vingt, trente millions de souverains,
que d'ailleurs *vous avez entendu dire* qu'aux Etats-Unis il exis- 95
tait une tyrannie bien plus cruelle et plus inexorable que celle

d'un monarque, qui est celle de l'opinion, – alors, oh! alors,
vous verrez ses yeux s'écarquiller et jeter des éclairs, la bave
du patriotisme blessé lui monter aux lèvres, et l'Amérique, par
100 sa bouche, lancera des injures à la métaphysique et à l'Europe,
sa vieille mère. L'Américain est un être positif, vain de sa force
industrielle, et un peu jaloux de l'ancien continent. Quant à
avoir pitié d'un poëte que la douleur et l'isolement pouvaient
rendre fou, il n'en a pas le temps. Il est si fier de sa jeune gran-
105 deur, il a une foi si naïve dans la toute-puissance de l'industrie,
il est tellement convaincu qu'elle finira par manger le Diable,
qu'il a une certaine pitié pour toutes ces rêvasseries. En avant,
dit-il, en avant, et négligeons nos morts. Il passerait volontiers
sur les âmes solitaires et libres, et les foulerait aux pieds avec
110 autant d'insouciance que ses immenses lignes de fer les forêts
abattues, et ses bateaux-monstres les débris d'un bateau incen-
dié la veille. Il est si pressé d'arriver. Le temps et l'argent, tout
est là.

Quelque temps avant que Balzac descendît dans le gouffre
115 final en poussant les nobles plaintes d'un héros qui a encore de
grandes choses à faire, Edgar Poe, qui a plus d'un rapport avec
lui, tombait frappé d'une mort affreuse. La France a perdu un
de ses plus grands génies, et l'Amérique un romancier, un
critique, un philosophe qui n'était guère fait pour elle.
120 Beaucoup de personnes ignorent ici la mort d'Edgar Poe,
beaucoup d'autres ont cru que c'était un jeune gentleman riche,
écrivant peu, produisant ses bizarres et terribles créations dans
les loisirs les plus riants, et ne connaissant la vie littéraire que
par de rares et éclatants succès. La réalité fut le contraire.
125 La famille de M. Poe était une des plus respectables de Baltimore. Son grand-père était *quarter master general** dans la
révolution, et Lafayette l'avait en haute estime et amitié. La
dernière fois qu'il vint visiter ce pays, il pria sa veuve d'agréer
les témoignages solennels de sa reconnaissance pour les ser-
130 vices que lui avait rendus son mari. Son arrière-grand-père avait
épousé une fille de l'amiral anglais MacBride, et par lui la famille
Poe était alliée aux plus illustres maisons d'Angleterre. Le père
d'Edgar reçut une éducation honorable. S'étant violemment
épris d'une jeune et belle actrice, il s'enfuit avec elle et l'épousa.
135 Pour mêler plus intimement sa destinée à la sienne, il voulut
aussi monter sur le théâtre. Mais ils n'avaient ni l'un ni l'autre
le génie du métier, et ils vivaient d'une manière fort triste et fort
précaire. Encore la jeune dame s'en tirait par sa beauté, et le

---

* Mélange des fonctions de chef d'état-major et d'intendant.

public charmé supportait son jeu médiocre. Dans une de leurs
tournées, ils vinrent à Richmond, et c'est là que tous deux 140
moururent, à quelques semaines de distance l'un de l'autre, tous
deux de la même cause: la faim, le dénuement, la misère.

Ils abandonnaient ainsi au hasard, sans pain, sans abri, sans
ami, un pauvre petit malheureux que, d'ailleurs, la nature avait
doué d'une manière charmante. Un riche négociant de cette 145
place, M. Allan, fut ému de pitié. Il s'enthousiasma de ce joli
garçon, et, comme il n'avait pas d'enfants, il l'adopta. Edgar
Poe fut ainsi élevé dans une belle aisance, et reçut une éducation
complète. En 1816 il accompagna ses parents adoptifs dans un
voyage qu'ils firent en Angleterre, en Ecosse et en Irlande. 150
Avant de retourner dans leur pays, ils le laissèrent chez le docteur Brandsby, qui tenait une importante maison d'éducation à
Stoke-Newington, près de Londres, où il passa cinq ans.

Tous ceux que ont réfléchi sur leur propre vie, qui ont souvent porté leurs regards en arrière pour comparer leur passé 155
avec leur présent, tous ceux qui ont pris l'habitude de
psychologiser facilement sur eux-mêmes, savent quelle part
immense l'adolescence tient dans le génie définitif d'un homme.
C'est alors que les objets enfoncent profondément leurs
empreintes dans l'esprit tendre et facile; c'est alors que les 160
couleurs sont voyantes, et que les sons parlent une langue mystérieuse. Le caractère, le génie, le style d'un homme est formé
par les circonstances en apparence vulgaires de sa première
jeunesse. Si tous les hommes qui ont occupé la scène du monde
avaient noté leurs impressions d'enfance, quel excellent dic- 165
tionnaire psychologique nous posséderions! Les couleurs, la
tournure d'esprit d'Edgar Poe tranchent violemment sur le fond
de la littérature américaine. Ses compatriotes le trouvent à
peine Américain, et cependant il n'est pas Anglais. C'est donc
une bonne fortune que de ramasser dans un de ses contes, un 170
conte peu connu, *William Wilson*, un singulier récit de sa vie à
cette école de Stoke-Newington. Tous les contes d'Edgar Poe
sont pour ainsi dire biographiques. On trouve l'homme dans
l'œuvre. Les personnages et les incidents sont le cadre et la
draperie de ses souvenirs. 175

'Mes plus matineuses impressions de la vie de collége sont
liées à une vaste et extravagante maison du style d'Elisabeth,
dans un village brumeux d'Angleterre, où était un grand nombre
d'arbres gigantesques et noueux, et où toutes les maisons
étaient excessivement anciennes. En vérité, cette vénérable 180

vieille ville avait un aspect fantasmagorique qui enveloppait et caressait l'esprit comme un rêve. En ce moment même, je sens en imagination le frisson rafraîchissant de ses avenues profondément ombrées; je respire l'émanation de ses mille taillis, et
185 je tressaille encore, avec une indéfinissable volupté, à la note profonde et sourde de la cloche, déchirant à chaque heure, de son rugissement soudain et solennel, la quiétude de l'atmosphère brunissante dans laquelle s'allongeait le clocher gothique, enseveli et endormi.

190 'Je trouve peut-être autant de plaisir qu'il m'est donné d'en éprouver maintenant à m'appesantir sur ces minutieux souvenirs de collége. Plongé dans la misère comme je le suis, misère, hélas! trop réelle, ou me pardonnera de chercher un soulagement bien léger et bien court, dans ces minces et fugitifs détails.
195 D'ailleurs, quelque trivials et mesquins qu'ils soient en eux-mêmes, ils prennent dans mon imagination une importance toute particulière, à cause de leur intime connexion avec les lieux et l'époque où je retrouve maintenant les premiers avertissements ambigus de la Destinée, qui depuis lors m'a si profon-
200 dément enveloppé de son ombre. Laissez-moi donc me souvenir.

'La maison, je l'ai dit, était vieille it irrégulière. Les terrains étaient vastes, et un haut et solide mur de briques, revêtu d'une couche de mortier et de verre pilé, en faisait le circuit. Le
205 rempart de prison formait la limite de notre domaine. Nos regards ne pouvaient aller au-delà que trois fois par semaine; une fois chaque samedi, dans l'après-midi, quand, sous la conduite de deux surveillants, il nous était accordé de faire de courtes promenades en commun à travers les campagnes voisin-
210 es; et deux fois le dimanche, quand, avec le cérémonial formel des troupes à la parade, nous allions assister aux offices du soir et du matin à l'unique église du village. Le principal de notre école était pasteur de cette église. Avec quel profond sentiment d'admiration et de perplexité je le contemplais du banc où nous
215 étions assis, dans le fond de la nef, quand il montait en chaire d'un pas solennel et lent! Ce personnage vénérable, avec sa contenance douce et composée, avec sa robe si bien lustrée et si cléricalement ondoyante, avec sa perruque si minutieusement poudrée, si rigide et si vaste, pouvait-il être le même homme qui,
220 tout-à-l'heure avec un visage aigre et dans des vêtements graisseux, exécutait, férule en main, les lois draconiennes de l'école?

O gigantesque paradoxe, dont la monstruosité exclut toute solution!

'Dans un angle du mur massif rechignait une porte massive; elle était marquetée de clous, garnie de verroux, et surmontée d'un buisson de ferrailles. Quels sentiments profonds de crainte elle inspirait! Elle n'était jamais ouverte que pour les trois sorties et rentrées périodiques déjà mentionnées; chaque craquement de ses gonds puissants exhalait le mystère, et un monde de méditations solennelles et mélancoliques.

'Le vaste enclos était d'une forme irrégulière et divisé en plusieurs parties, dont trois ou quatre des plus larges constituaient le *jardin* de récréation; il était aplani et recouvert d'un cailloutis propre et dur. Je me rappelle bien qu'il ne contenait ni arbres, ni bancs, ni quoique ce soit d'analogue; il était situé derrière la maison. Devant la façade s'étendait un petit parterre semé de buis et d'autres arbustes; mais nous ne traversions cette oasis sacrée que dans de bien rares occasions, telles que la première arrivée à l'école ou le départ définitif; ou peut-être quand un ami, un parent nous ayant fait appeler, nous prenions joyeusement notre route vers le logis, à la Noël ou aux vacances de la saint Jean.

'Mais la maison! quelle jolie vieille bâtisse cela faisait! Pour moi, c'était comme un vrai palais d'illusions. Il n'y avait réellement pas de fin à ses détours et à ses incompréhensibles subdivisions. Il était difficile, à un moment donné, de dire avec certitude lequel de ses deux étages s'appuyait sur l'autre. D'une chambre à la chambre voisine, on était toujours sûr de trouver trois ou quatre marches à monter ou à descendre. Puis les corridors latéraux étaient innombrables, inconcevables, tournaient et retournaient si souvent sur eux-mêmes, que nos idées les plus exactes, relativement à l'ensemble du bâtiment, n'étaient pas très-différentes de celles à l'aide desquelles nous essayons d'opérer sur l'infini. Durant les cinq ans de ma résidence, je n'ai jamais été capable de déterminer avec précision dans quelle localité lointaine était situé le petit dortoir qui m'était assigné en commun avec dix-huit ou vingt autres écoliers.*

'La salle d'études était la plus vaste de toute la maison, et, je ne pouvais m'empêcher de le penser, du monde entier. Elle était très longue, très-étroite et sinistrement basse, avec des fenêtres en ogive et un plafond en chêne. Dans un angle éloigné et inspirant la terreur était une cellule carrée de huit ou dix pieds

* Hallucination habituelle des yeux de l'enfance, qui agrandissent et compliquent les objets.

représentant le sanctuaire, où se tenait plusieurs heures durant notre principal, le révérend docteur Brandsby. C'était une so-
265 lide construction, avec une porte massive que nous n'aurions jamais osé ouvrir en l'absence du maître; nous aurions tous préféré mourir *de la peine forte et dure.* A d'autres angles étaient deux autres loges analogues, objets d'une vénération beaucoup moins grande, il est vrai, mais toutefois d'une frayeur
270 assez considérable. L'une était la chaire du maître des études classiques; l'autre, du maître d'anglais et de mathématiques. Répandus à travers la salle et se croisant dans une irrégularité sans fin, étaient d'innombrables bancs et des pupitres, noirs, anciens et usés par le temps, désespérément écrasés sous des
275 livres bien étrillés et si bien agrémentés de lettres initiales, de noms entiers, de figures grotesques et d'autres chefs-d'œuvre du couteau, qu'ils avaient entièrement perdu la forme qui con-stituait leur pauvre individualité dans les anciens jours. A une extrémité de la salle, un énorme baquet avec de l'eau, et à
280 l'autre, une horloge d'une dimension stupéfiante.

‘Enfermé dans les murs massifs de cette vénérable académie, je passai, sans trop d'ennui et de dégoût, les années du troisième lustre de ma vie. Le cerveau fécond de l'enfance n'exige pas d'incidents du monde extérieur pour s'occuper ou s'amuser, et
285 la monotonie sinistre en apparence de l'école était remplie d'ex-citations plus intenses que ma jeunesse hâtive n'en tira jamais de la luxure, ou que celles que ma pleine maturité a demandées au crime. Encore faut-il croire que mon premier développement mental eut quelque chose de peu commun, et même quelque
290 chose de tout à fait extra-commun. En général, les événements de la première existence laissent rarement sur l'humanité arrivée à l'âge mûr une impression bien définie. Tout est ombre grise, tremblottant et irrégulier souvenir, fouillis confus de plaisirs et de peines fantasmagoriques. Chez moi, il n'en fut
295 point ainsi. Il faut que j'aie senti dans mon enfance avec l'énergie d'un homme ce que je trouve maintenant estampillé sur ma mémoire en lignes aussi vivantes, aussi profondes et aussi durables que les exergues des médailles Carthaginoises.

‘Encore, comme faits (j'entends le mot faits dans le sens
300 restreint des gens du monde), quelle pauvre moisson pour le souvenir! Le réveil du matin, le soir, l'ordre du coucher; les leçons à apprendre, les récitations, les demi-congés périodiques et les promenades, la cour de récréation avec ses querelles, ses passetemps, ses intrigues, tout cela, par une magie psychique

depuis longtemps oubliée, était destiné à envelopper un 305
débordement de sensations, un monde riche d'incidents, un univers d'émotions variées et d'excitations les plus passionnées et les plus fiévreuses. *Oh! le beau temps, que ce siècle de fer!'* (Cette phrase est en français.*)

Que dites-vous de ce morceau? Le caractère de ce singulier 310
homme ne se révèle-t-il pas déjà un peu? Pour moi, je sens s'exhaler de ce tableau de collége un parfum noir. J'y sens circuler le frisson des sombres années de la claustration. Les heures de cachot, le malaise de l'enfance chétive et abandonnée, la terreur du maître, notre ennemi, la haine des camarades 315
tyranniques, la solitude du cœur, toutes ces tortures du jeune âge, Edgar Poe ne les a pas éprouvées. Tant de sujets de mélancolie ne l'ont pas vaincu. Jeune, il aime la solitude, ou plutôt il ne se sent pas seul; il aime ses passions. *Le cerveau fécond de l'enfance* rend tout agréable, illumine tout. On voit déjà que 320
l'exercice de la volonté et l'orgueil solitaire joueront un grand rôle dans sa vie. Eh quoi! ne dirait-on pas qu'il aime un peu la douleur, qu'il pressent la future campagne inséparable de sa vie, et qu'il l'appelle avec une âpreté lubrique, comme un jeune gladiateur? Le pauvre enfant n'a ni père ni mère, mais il est 325
heureux; il se glorifie d'être marqué profondément *comme une médaille Carthaginoise.*

Edgar Poe revint de la maison du docteur Brandsby à Richmond en 1822, et continua ses études sous la direction des meilleurs maîtres. Il était dès lors un jeune homme très- 330
remarquable par son agilité physique, ses tours de souplesse, et aux séductions d'une beauté singulière il joignait une puissance de mémoire poétique merveilleuse, avec la faculté précoce d'improviser des contes. En 1825, il entra à l'Université de Virginie, qui était alors un des établissements où régnait la plus 335
grande dissipation. M. Edgar Poe se distingua parmi tous ses condisciples par une ardeur encore plus vive pour le plaisir. Il était déjà un élève très-recommandable et faisait d'incroyables progrès dans les mathématiques; il avait une aptitude singulière pour la physique et les sciences naturelles, ce qui est bon à noter 340
en passant, car, dans plusieurs de ses ouvrages, on retrouve une grande préoccupation scientifique; mais en même temps déjà, il buvait, jouait et faisait tant de fredaines que, finalement, il fut expulsé. Sur le refus de M. Allan de payer quelques dettes de jeu, il fit un coup de tête, rompit avec lui et prit son vol vers la 345
Grèce. C'était le temps de Botzaris et de la révolution des Hél-

* Les ouvrages de Poe sont chargés de phrases françaises.

lènes. Arrivé à Saint-Pétersbourg, sa bourse et son enthousiasme étaient un peu épuisés; il se fit une méchante querelle
avec les autorités Russes, dont on ignore le motif. La chose alla
350 si loin, qu'on affirme qu'Edgar Poe fut au moment d'ajouter
l'expérience des brutalités Sibériennes à la connaissance
précoce qu'il avait des hommes et des choses.* Enfin, il se
trouva fort heureux d'accepter l'intervention et le secours du
consul Américain, Henry Middleton, pour retourner chez lui.
355 En 1829, il entra à l'école militaire de West-Point. Dans l'inter-
valle, M. Allan, dont la première femme était morte, avait
épousé une dame plus jeune que lui d'un grand nombre d'années. Il avait alors soixante-cinq ans. On dit que M. Poe se conduisit malhonnêtement avec la dame, et qu'il ridiculisa ce
360 mariage. Le vieux gentleman lui écrivit une lettre fort dure, à
laquelle celui-ci répondit par une lettre encore plus amère. La
blessure était inguérissable, et peu de temps après, M. Allan
mourait, sans laisser un sou à son fils adoptif.

Ici je trouve, dans des notes biographiques, des paroles très-
365 mystérieuses, des allusions très-obscures et très-bizarres sur la
conduite de notre futur écrivain. Très-hypocritement, et tout en
jurant qu'il ne veut absolument rien dire, qu'il y a des choses
qu'il faut toujours cacher (pourquoi?), que dans de certains cas
énormes le silence doit primer l'histoire, le biographe jette sur
370 M. Poe une défaveur très-grave. Le coup est d'autant plus dangereux qu'il reste suspendu dans les ténèbres. Que diable veut-il
dire? Veut-il insinuer que Poe chercha à séduire la femme de son
père adoptif? Il est réellement impossible de le deviner. Mais je
crois avoir déjà suffisamment mis le lecteur en défiance contre
375 les biographes Américains. Ils sont trop bons démocrates pour
ne pas haïr leurs grands hommes, et la malveillance qui poursuit
Poe après la conclusion lamentable de sa triste existence, rappelle la haine britannique qui persécuta Byron.

M. Poe quitta West-Point sans prendre ses grades, et com-
380 mença sa désastreuse bataille de la vie. En 1831, il publia un
petit volume de poésies qui fut favorablement accueilli par les
revues, mais que l'on n'acheta pas. C'est l'éternelle histoire du
premier livre. M. Lowell, un critique Américain, dit qu'il y a
dans une de ces pièces, adressée à *Hélène, un parfum d'am-*
385 *broisie,* et qu'elle ne déparerait pas l'Anthologie grecque. Il est
question dans cette pièce des barques de Nicée, de naïades, de
la gloire et de la beauté grecques, et de la lampe de Psyché.
Remarquons en passant le faible américain, littérature trop

---

* La vie d'Edgar Poe, ses aventures en Russie et sa correspondance, ont été
longtemps annoncées par les journaux américains et n'ont jamais paru.

jeune, pour le pastiche. Il est vrai que, par son rhythme harmonieux et ses rimes sonores, cinq vers, deux masculines et   390
trois féminines, elle rappelle les heureuses tentatives du romantisme français. Mais on voit qu'Edgar Poe était encore bien loin
de son excentrique et fulgurante destinée littéraire.

Cependant le malheureux écrivait pour les journaux, compilait et traduisait pour des libraires, faisait de brillants articles   395
et des contes pour les revues. Les éditeurs les inséraient volontiers, mais ils payaient si mal le pauvre jeune homme qu'il tomba
dans une misère affreuse. Il descendit même si bas qu'il put
entendre un instant *crier les gonds des portes de la mort*. Un
jour, un journal de Baltimore proposa deux prix pour le meilleur   400
poëme et le meilleur conte en prose. Un comité de littérateurs,
dont faisait partie M. John Kennedy, fut chargé de juger les productions. Toutefois, ils ne s'occupaient guère de les lire; la
sanction de leurs noms était tout ce que leur demandait
l'éditeur. Tout en causant de choses et d'autres, l'un d'eux fut   405
attiré par un manuscrit qui se distinguait par la beauté, la propreté et la netteté de ses caractères. A la fin de sa vie, Edgar
Poe possédait encore une écriture incomparablement belle. (Je
trouve cette remarque bien Américaine.) M. Kennedy lut une
page seul, et ayant été frappé par le style, il lut la composition   410
à haute voix. Le comité vota le prix par acclamation au premier
des génies qui sût écrire lisiblement. L'enveloppe secrète fut
brisée, et livra le nom alors inconnu de Poe.

L'éditeur parla du jeune auteur à M. Kennedy dans des
termes qui lui donnèrent l'envie de le connaître. La fortune   415
cruelle avait donné à M. Poe la physionomie classique du poëte
à jeun. Elle l'avait aussi bien grimé que possible pour l'emploi.
M. Kennedy raconte qu'il trouva un jeune homme que les privations avaient aminci comme un squelette, vêtu d'une redingote
dont on voyait la grosse trame, et qui était, suivant une tactique   420
bien connue, boutonnée jusqu'au menton, de culottes en guenilles, de bottes déchirées sous lesquelles il n'y avait évidemment pas de bas, et avec tout cela un air fier, de grandes manières, et des yeux éclatants d'intelligence. Kennedy lui parla
comme un ami, et le mit à son aise. Poe lui ouvrit son cœur, lui   425
raconta toute son histoire, son ambition et ses grands projets.
Kennedy alla au plus pressé, le conduisit dans un magasin
d'habits, chez un fripier, aurait dit Lesage, et lui donna des vêtements convenables; puis il lui fit faire des connaissances.

C'est à cette époque qu'un M. Thomas White, qui achetait   430

la propriété du *Messager litéraire du sud*, choisit M. Poe pour
le diriger et lui donna 2,500 francs par an. Immédiatement celui-
ci épousa une jeune fille qui n'avait pas un sol. (Cette phrase
n'est pas de moi; je prie le lecteur de remarquer le petit ton de
435 dédain qu'il y a dans cet *immédiatement*, le malheureux se
croyait donc riche, et dans ce laconisme, cette sécheresse avec
laquelle est annoncé un évènement important; mais aussi, une
jeune fille sans le sol! *A girl without a cent!*) On dit qu'alors
l'intempérance prenait déjà une certaine part dans sa vie, mais
440 le fait est qu'il trouva le temps d'écrire un très-grand nombre
d'articles et de beaux morceaux de critique pour *le Messager*.
Après l'avoir dirigé un an et demi, il se retira à Philadelphie, et
rédigea le *Gentleman's magazine*. Ce recueil périodique se fon-
dit un jour dans le *Graham's magazine*, et Poe continua à écrire
445 pour celui-ci. En 1840, il publia *The Tales of the grotesque and
arabesque*. En 1844, nous le trouvons à New-York dirigeant le
Broadway-Journal. En 1845, parut la petite édition, bien connue, de Wiley et Putnam qui renferme une partie poétique et une
série de contes. C'est de cette édition que les traducteurs
450 français ont tiré presque tous les échantillons du talent d'Edgar
Poe qui ont paru dans les journaux de Paris. Jusqu'en 1847, il
publie successivement différents ouvrages dont nous parlerons
tout-à-l'heure. Ici nous apprenons que sa femme meurt dans un
état de dénûment profond dans une ville appelée Fordham, près
455 New-York. Il se fait une souscription, parmi les littérateurs de
New-York, pour soulager Edgar Poe. Peu de temps après, les
journaux parlent de nouveau de lui comme d'un homme aux
portes de la mort. Mais, cette fois, c'est chose plus grave, il a
le *delirium tremens*. Une note cruelle, insérée dans un journal
460 de cette époque, accuse son mépris envers tous ceux qui se di-
saient ses amis, et son dégoùt général du monde. Cependant il
gagnait de l'argent, et ses travaux littéraires pouvaient à peu
près sustenter sa vie; mais j'ai trouvé, dans quelques aveux des
biographes, la preuve qu'il eut de dégoûtantes difficultés à sur-
465 monter. Il paraît que durant les deux dernières années où on le
vit de temps à autre à Richmond, il scandalisa fort les gens par
ses habitudes d'ivrognerie. A entendre les récriminations sem-
piternelles à ce sujet, on dirait que tous les écrivains des Etats-
Unis sont des modèles de sobriété. Mais, à sa dernière visite,
470 qui dura près de deux mois, on le vit tout d'un coup propre, élégant, correct, avec des manières charmantes, et beau comme le
génie. Il est évident que je manque de renseignements, et que

les notes que j'ai sous les yeux ne sont pas suffisamment intel-
ligentes pour rendre compte de ces singulières transformations.
Peut-être en trouverons-nous l'explication dans une admirable 475
protection maternelle qui enveloppait le sombre écrivain, et
combattait avec des armes angéliques le mauvais démon né de
son sang et de ses douleurs antécédentes.

A cette dernière visite à Richmond, il fit *deux lectures pu-
bliques*. Il faut dire un mot de ces lectures, qui jouent un grand 480
rôle dans la vie littéraire aux Etats-Unis. Aucune loi ne s'oppose
à ce qu'un écrivain, un philosophe, un poëte, quiconque sait
parler, annonce une lecture, une dissertation publique sur un
object littéraire ou philosophique. Il fait la location d'une salle.
Chacun paye une rétribution pour le plaisir d'entendre émettre 485
des idées et phraser des phrases telles qu'elles. Le public vient
ou ne vient pas. Dans ce dernier cas, c'est une spéculation man-
quée, comme tout autre spéculation commerciale aventureuse.
Seulement, quand la *lecture* doit être faite par un écrivain
célèbre, il y a affluence, et c'est une espèce de solennité lit- 490
téraire. On voit que ce sont les chaires du Collége de France
mises à la disposition de tout le monde. Cela fait penser à
Andrieux, à la Harpe, à Baour-Lormian, et rappelle cette
espèce de restauration littéraire qui se fit après l'apaisement de
la révolution française dans les Lycées, les Athénées et les 495
Casinos.

Edgar Poe choisit pour sujet de son discours un thème qui est
toujours intéressant, et qui a été fortement débattu chez nous.
Il annonça qu'il parlerait du *principe de la poésie*. Il y a, depuis
longtemps déjà, aux Etats-Unis, un mouvement utilitaire qui 500
veut entraîner la poésie comme le reste. Il y a là des poëtes
humanitaires, des poëtes du suffrage universel, des poëtes
abolitionnistes des lois sur les céréales, et des poëtes qui veulent
faire bâtir des *workhouses*. Je jure que je ne fais aucune allusion
à des gens de ce pays-ci. Ce n'est pas ma faute si les mêmes dis- 505
putes et les mêmes théories agitent différentes nations. Dans ses
lectures, Poe leur déclara la guerre. Il ne soutenait pas, comme
certains sectaires fanatiques insensés de Goëthe et autres
poëtes marmoréens et anti-humains, que toute chose belle est
essentiellement inutile; mais il se proposait surtout pour objet 510
la réfutation de ce qu'il appelait spirituellement *la grande
hérésie poétique des temps modernes*. Cette hérésie, c'est l'idée
d'utilité directe. On voit qu'à un certain point de vue, Edgar Poe
donnait raison au mouvement romantique français. Il disait:

515 notre esprit possède des facultés élémentaires dont le but est différent. Les unes s'appliquent à satisfaire la rationalité, les autres perçoivent les couleurs et les formes, les autres remplissent un but de construction. La logique, la peinture, la mécanique sont les produits de ces facultés. Et comme nous avons 520 des nerfs pour aspirer les bonnes odeurs, des nerfs pour sentir les belles couleurs, et pour nous délecter au contact des corps polis, nous avons une faculté élémentaire pour percevoir le beau; elle a son but à elle et ses moyens à elle. La poésie est le produit de cette faculté; elle s'adresse au sens du beau et non 525 à un autre. *C'est lui faire injure que de la soumettre au critérium des autres facultés*, et elle ne s'applique jamais à d'autres matières qu'à celles qui sont nécessairement la pâture de l'organe intellectuel auquel elle doit sa naissance. Que la poésie soit subséquemment et conséquemment utile, cela est hors de 530 doute, mais ce n'est pas son but; cela vient *par-dessus le marché*. Personne ne s'étonne qu'une halle, un embarcadère ou toute autre construction industrielle, satisfasse aux conditions du beau, bien que ce ne fût pas là le but principal et l'ambition première de l'ingénieur ou de l'architecte. Poe *illustra* sa thèse 535 par différents morceaux de critique appliqués aux poëtes, ses compatriotes, et par des récitations de poëtes anglais. On lui demanda la lecture de son *Corbeau*. C'est un poëme dont les critiques Américains font grand cas. Ils en parlent comme d'une très-remarquable pièce de versification, un rhythme vaste et 540 compliqué, un savant entrelacement de rimes chatouillant leur orgueil national un peu jaloux des tours de force européens. Mais il paraît que l'auditoire fut désappointé par la déclamation de son auteur, qui ne savait pas faire briller son œuvre. Une diction pure, mais une voix sourde, une mélopée monotone, une 545 assez grande insouciance des effets musicaux que sa plume savante avait pour ainsi dire indiqués, satisfirent médiocrement ceux qui s'étaient promis comme une fête de comparer le lecteur avec l'auteur. Je ne m'en étonne pas du tout. J'ai remarqué souvent que des poëtes admirables étaient d'exécrables comédiens. 550 Cela arrive souvent aux esprits sérieux et concentrés. Les écrivains profonds ne sont pas orateurs, et c'est bien heureux.

Un très-vaste auditoire encombrait la salle. Tous ceux qui n'avaient pas vu Edgar Poe depuis les jours de son obscurité accouraient en foule pour contempler leur compatriote devenu 555 illustre. Cette belle réception inonda son pauvre cœur de joie. Il s'enfla d'un orgueil bien légitime et bien excusable. Il se montrait tellement enchanté qu'il parlait de s'établir définitivement à Richmond. Le bruit courut qu'il allait se remarier. Tous les yeux se tournaient vers une dame veuve, aussi riche que belle, qui était une ancienne passion de Poe, et que l'on soupçonne être le modèle original de sa *Lénore*. Cependant il fallait qu'il allât quelque temps à New-York pour publier une nouvelle édition de ses *Contes*. De plus, le mari d'une dame fort riche de cette ville l'appelait pour mettre en ordre les poésies de sa femme, écrire des notes, une préface, etc.

Poe quitta donc Richmond; mais lorsqu'il se mit en route, il se plaignit de frissons et de faiblesses. Se sentant toujours assez mal en arrivant à Baltimore, il prit une petite quantité d'alcool pour se remonter. C'était la première fois que cet alcool maudit effleurait ses lèvres depuis plusieurs mois; mais cela suffit pour réveiller le Diable qui dormait en lui. Une journée de débauche amena une nouvelle attaque du *delirium tremens*, sa vieille connaissance. Le matin, les hommes de police le ramassèrent par terre, dans un état de stupeur. Comme il était sans argent, sans amis et sans domicile, ils le portèrent à l'hôpital, et c'est dans un de ses lits que mourut l'auteur du *Chat noir* et d'*Eureka*, le 7 octobre 1849, à l'âge de 37 ans.

Edgar Poe ne laissait aucun parent, excepté une sœur qui demeure à Richmond. Sa femme était morte quelque temps avant lui, et ils n'avaient pas d'enfants. C'était une demoiselle Clemm, et elle était un peu cousine de son mari. Sa mère était profondément attachée à Poe. Elle l'accompagna à travers toutes ses misères, et elle fut effroyablement frappée par sa fin prématurée. Le lien qui unissait leurs âmes ne fut point relâché par la mort de la fille. Un si grand dévouement, une affection si noble, si inébranlable, fait le plus grand honneur à Edgar Poe. Certes, celui qui a su inspirer une si immense amitié avait des vertus, et sa personne spirituelle devait être bien séduisante.

M. Willis a publié une petite notice sur Poe; j'en tire le morceau suivant:

'La première connaissance que nous eûmes de la retraite de M. Poe dans cette ville nous vint d'un appel qui nous fut fait par une dame qui se présenta à nous comme la mère de sa femme. Elle était à la recherche d'un emploi pour lui. Elle motiva sa conduite en nous expliquant qu'il était malade, que sa fille était tout à fait infirme, et que leur situation était telle, qu'elle avait cru devoir prendre sur elle-même de faire cette démarche. La contenance de cette dame, que son dévouement, que le complet aban-

don de sa vie chétive à une tendresse pleine de chagrins rendait
600 belle et sainte, la voix douce et triste avec laquelle elle pressait
son plaidoyer, ses manières d'un autre âge, mais habituellement
et involontairement grandes et distinguées, l'éloge et l'appréciation qu'elle faisait des droits et des talents de son fils, tout
nous révéla la présence d'un de ces Anges qui se font femmes
605 dans les adversités humaines. C'était une rude destinée que
celle qu'elle surveillait et protégeait. M. Poe écrivait avec une
fastidieuse difficulté *et dans un style trop au-dessus du niveau*
intellectuel commun pour qu'on pût le payer cher. Il était
toujours plongé dans des embarras d'argent, et souvent, avec
610 sa femme malade, manquant des premières nécessités de la vie.
Chaque hiver, pendant des années, le spectacle le plus touchant
que nous ayons vu dans cette ville a été cet infatigable serviteur
du génie, pauvrement et insuffisamment vêtu, et allant de journal en journal avec un poëme à vendre ou un article sur un sujet
615 littéraire; quelquefois expliquant seulement d'une voix entre-
coupée qu'il était malade, et demandant pour lui, ne disant pas
autre chose que cela: *il est malade,* quelles que fussent les
raisons qu'il avait de ne rien écrire, et jamais, à travers ses
larmes et ses récits de détresse, ne permettant à ses lèvres de
620 lâcher une syllabe qui pût être interprétée comme un doute, une
accusation, ou un amoindrissement de confiance dans le génie
et les bonnes intentions de son fils. Elle ne l'abandonna pas
après la mort de sa fille. Elle continua son ministère d'ange, vivant avec lui, prenant soin de lui, le surveillant, le protégeant,
625 et quand il était emporté au dehors par les tentations, à travers
son chagrin et la solitude de ses sentiments refoulés, et son
abnégation se réveillant dans l'abandon, les privations et les
souffrances, elle *demandait* encore pour lui. Si le dévouement
de la femme né avec un premier amour, et entretenu par la pas-
630 sion humaine, glorifie et consacre son objet, comme cela est
généralement reconnu et avoué, que ne dit pas en faveur de celui
qui l'inspira un dévouement comme celui-ci, pur, désintéressé,
et saint comme la garde d'un esprit.

'Nous avons sous les yeux une lettre, écrite par cette dame,
635 mistriss Clemm, le matin où elle apprit la mort de l'objet de cet
amour infatigable. Ce serait la meilleure requête que nous pour-
rions faire pour elle, mais nous n'en copierons que quelques
mots, – cette lettre est sacrée comme sa solitude, – pour garantir
l'exactitude du tableau que nous venons de tracer, et pour ajou-
640 ter de la force à l'appel que nous désirons faire en sa faveur:

'J'ai appris ce matin la mort de mon bien-aimé Eddie* ...
'Pouvez-vous me transmettre quelques détails, quelques cir-
'constances? ... Oh! n'abandonnez pas votre pauvre amie dans
'cette amère affliction.

'Dites à M.*** de venir; j'ai à m'acquitter d'une commission 645
'envers lui de la part de mon pauvre Eddie ... Je n'ai pas besoin
'de vous prier d'annoncer sa mort et *de bien parler de lui. Je sais
'que vous le ferez. Mais dites bien quel affectueux fils il était
'pour moi,* sa pauvre mère désolée!... '

Comme cette pauvre femme se préoccupe de la réputation de 650
son fils! Que c'est beau! que c'est grand! Admirable créature,
autant ce qui est libre domine ce qui est fatal, autant l'esprit est
au-dessus de la chair, autant ton affection plane sur toutes les
affections humaines! Puissent nos larmes traverser l'Océan, les
larmes de tous ceux qui, comme ton pauvre Eddie, sont 655
malheureux, inquiets, et que la misère et la douleur ont souvent
traînés à la débauche, puissent-elles aller rejoindre ton cœur!
Puissent ces lignes, empreintes de la plus sincère et de la plus
respectueuse admiration, plaire à tes yeux maternels! Ton
image quasi-divine voltigera incessamment au-dessus du mar- 660
tyrologe de la littérature!

La mort de M. Poe causa en Amérique une réelle émotion.
De différentes parties de l'Union s'élevèrent de réels témoignages de douleur. La mort fait quelquefois pardonner bien des
choses. Nous sommes heureux de mentionner une lettre de M. 665
Longfellow, qui lui fait d'autant plus d'honneur qu'Edgar Poe
l'avait fort maltraité: 'Quelle mélancolique fin, que celle de M.
Poe, un homme si richement doué de génie! Je ne l'ai jamais
connu personnellement, mais j'ai toujours eu une haute estime
pour sa puissance de prosateur et de poëte. Sa prose est remar- 670
quablement vigoureuse, directe, *et néanmoins abondânte*, et
son vers exhale un charme particulier de mélodie, une
atmosphère de vraie poésie qui est tout à fait envahissante.
L'âpreté de sa critique, je ne l'ai jamais attribuée qu'à l'ir-
ritabilité d'une nature ultra-sensible, exaspérée par toute ma- 675
nifestation du faux.'

Il est plaisant, avec son *abondance,* le prolixe auteur
d'*Evangéline.* Prend-il donc Edgar Poe pour un miroir?

(*La fin au prochain volume.*)

CHARLES BAUDELAIRE

* Transformation familière d'Edgar.

II

C'est un plaisir très-grand et très-utile que de comparer les traits
680 d'un grand homme avec ses œuvres. Les biographies, les notes
sur les mœurs, les habitudes, le physique des artistes et des écrivains ont toujours excité une curiosité bien légitime. Qui n'a
cherché quelquefois l'acuité du style et la netteté des idées
d'Erasme dans le coupant de son profil, la chaleur et le tapage
685 de leurs œuvres dans la tête de Diderot et dans celle de Mercier,
où un peu de fanfaronnade se mêle à la bonhomie, l'ironie
opiniâtre dans le sourire persistant de Voltaire, sa grimace de
combat, la puissance de commandement et de prophétie dans
l'œil jeté à l'horizon, et la solide figure de Joseph de Maistre,
690 aigle et bœuf tout à la fois? Qui ne s'est ingénié à déchiffrer *la
Comédie humaine* dans le front et le visage puissants et compliqués de Balzac?

M. Edgar Poe était d'une taille un peu au-dessous de la
moyenne, mais toute sa personne solidement bâtie; ses pieds et
695 ses mains petits. Avant que sa constitution fût attaquée, il était
capable de merveilleux traits de force. On dirait que la Nature,
et je crois qu'on l'a souvent remarqué, fait à ceux dont elle veut
tirer de grandes choses la vie très-dure. Avec des apparences
quelquefois chétives, ils sont taillés en athlètes, ils sont bons
700 pour le plaisir comme pour la souffrance. Balzac, en assistant
aux répétitions des *Ressources de Quinola,* les dirigeant et
jouant lui-même tous les rôles, corrigeait des épreuves de ses
livres; il soupait avec les acteurs, et quand tout le monde fatigué
allait au sommeil, il retournait légèrement au travail. Chacun
705 sait qu'il a fait de grands excès d'insomnie et de sobriété. Edgar
Poe, dans sa jeunesse, s'était fort distingué à tous les exercices
d'adresse et de force; cela rentrait un peu dans son talent: cal-
culs et problèmes. Un jour, il paria qu'il partirait d'un des quais
de Richmond, qu'il remonterait à la nage jusqu'à sept milles
710 dans la rivière James, et qu'il reviendrait à pied dans le même
jour. Et il le fit. C'était une journée brûlante d'été, et il ne s'en
porta pas plus mal. Contenance, gestes, démarche, airs de tête,
tout le désignait, quand il était dans ses bons jours, comme un
homme de haute distinction. Il était *marqué* par la Nature,
715 comme ces gens qui dans un cercle, au café, dans la rue, *tirent*
l'œil de l'observateur et le préoccupent. Si jamais le mot:
étrange, dont on a tant abusé dans les descriptions modernes,
s'est bien appliqué à quelque chose, c'est certainement au genre

de beauté de M. Poe. Ses traits n'étaient pas grands, mais assez
réguliers, le teint brun-clair, la physionomie triste et distraite, 720
et quoiqu'elle ne portât le caractère ni de la colère, ni de l'in-
solence, elle avait quelque chose de pénible. Ses yeux, singulièrement beaux, semblaient être au premier aspect d'un gris
sombre, mais, à un meilleur examen, ils apparaissaient glacés
d'une légère teinte violette indéfinissable. Quant au front, il était 725
superbe, non qu'il rappelât les proportions ridicules qu'inven-
tent les mauvais artistes, quand, pour flatter le génie, ils le trans-
forment en hydrocéphale, mais on eût dit qu'une force
intérieure débordante poussait en avant les organes de la ré-
flexion et de la construction. Les parties auxquelles les 730
craniologistes attribuent le sens du pittoresque n'étaient cependant pas absentes, mais elles semblaient dérangées, opprimées,
coudoyées par la tyrannie hautaine et usurpatrice de la comparaison, de la construction et de la causalité. Sur ce front
trônait aussi, dans un orgueil calme, le sens de l'idéalité et du 735
beau absolu, le sens esthétique par excellence. Malgré toutes
ces qualités, cette tête n'offrait pas un ensemble agréable et harmonieux. Vue de face, elle frappait et commandait l'attention
par l'expression dominatrice et inquisitoriale du front, mais le
profil dévoilait certaines absences; il y avait une immense masse 740
de cervelle devant et derrière, et une quantité médiocre au
milieu; enfin, une énorme puissance animale et intellectuelle, et
un manque à l'endroit de la vénérabilité et des qualités affec-
tives. Les échos désespérés de la mélancolie, qui traversent les
ouvrages de Poe, ont un accent pénétrant, il est vrai, mais il faut 745
dire aussi que c'est une mélancolie bien solitaire et peu sym-
pathique au commun des hommes. Je ne puis m'empêcher de
rire en pensant aux quelques lignes qu'un écrivain fort estimé
aux Etats-Unis, et dont j'ai oublié le nom, a écrites sur Poe,
quelque temps après sa mort. Je cite de mémoire, mais je répond 750
du sens: 'Je viens de relire les ouvrages du regrettable Poe. Quel
poëte admirable! quel conteur surprenant! quel esprit prodigieux et surnaturel! C'était bien la tête forte de notre pays! Eh
bien! je donnerais ses soixante-dix contes mystiques, ana-
lytiques et grotesques, tous si brillants et pleins d'idées, pour 755
un bon petit livre du foyer, un livre de famille, qu'il aurait pu
écrire avec ce style merveilleusement pur qui lui donnait une si
grande supériorité sur nous. Combien M. Poe serait plus grand!'
Demander un livre de famille à Edgar Poe! Il est donc vrai que
la sottise humaine sera la même sous tous les climats, et que le 760

critique voudra toujours attacher de lourds légumes à des arbustes de délectation.

Poe avait les cheveux noirs, traversés de quelques fils blancs, une grosse moustache hérissée, et qu'il oubliait de mettre en ordre et de lisser proprement. Il s'habillait avec bon goût, mais un peu négligemment, comme un gentleman qui a bien autre chose à faire. Ses manières étaient excellentes, très-polies et pleines de certitude. Mais sa conversation mérite une mention particulière. La première fois que je questionnai un Américain là-dessus, il me répondit en riant beaucoup: 'Oh! oh! il avait une conversation *qui n'était pas du tout consécutive!*' Après quelques explications, je compris que M. Poe faisait de vaste enjambées dans le monde des idées, comme un mathématicien qui démontrerait devant des élèves déjà très-forts, et qu'il monologuait beaucoup. De fait, c'était une conversation essentiellement nourrissante. Il n'était pas *beau parleur*, et d'ailleurs sa parole, comme ses écrits, avait horreur de la convention; mais un vaste savoir, la connaissance de plusieurs langues, de fortes études, des idées ramassées dans plusieurs pays faisaient de cette parole un excellent enseignement. Enfin, c'était un homme à fréquenter pour les gens qui mesurent leur amitié d'après le gain spirituel qu'ils peuvent retirer d'une fréquentation. Mais il parait que Poe était fort peu difficile sur le choix de son auditoire. Que ses auditeurs fussent capables de comprendre ses abstractions ténues, ou d'admirer les glorieuses conceptions qui coupaient incessamment de leurs lueurs le ciel sombre de son cerveau, il ne s'en inquiétait guère. Il s'asseyait dans une taverne, à côté d'un sordide polisson, et lui développait gravement les grandes lignes de son terrible livre, *Eureka*, avec un sang-froid implacable, comme s'il eût dicté à un secrétaire, ou disputé avec Kepler, Bacon ou Swedenborg. C'est là un trait particulier de son caractère. Jamais homme ne s'affranchit plus complétement des règles de la société, s'inquiéta moins des passants, et pourquoi, certains jours, on le recevait dans les cafés de bas étage, et pourquoi on lui refusait l'entrée des endroits où boivent *les honnêtes gens*. Jamais aucune société n'a absous ces choses-là, encore moins une société Anglaise ou Américaine. Poe avait déjà son génie à se faire pardonner; il avait fait dans *le Messager* une chasse terrible à la médiocrité; sa critique avait été disciplinaire et dure, comme celle d'un homme supérieur et solitaire qui ne s'intéresse qu'aux idées. Il vint un moment où il prit toutes les choses humaines en dégoût, et où la métaphysique seule lui était de quelque chose. Poe, éblouissant par son esprit son pays jeune et informe, choquant par ses mœurs des hommes qui se croyaient ses égaux, devenait fatalement l'un des plus malheureux écrivains. Les rancunes s'ameutèrent, la solitude se fit autour de lui. A Paris, en Allemagne, il eût trouvé des amis qui l'auraient facilement compris et soulagé; en Amérique, il fallait qu'il arrachât son pain. Ainsi s'expliquent parfaitement l'ivrognerie et le changement perpétuel de résidence. Il traversait la vie comme un Sahara, et changeait de place comme un Arabe.

Mais il y a encore d'autres raisons: les douleurs profondes du ménage, par exemple. Nous avons vu que sa jeunesse précoce avait été tout d'un coup jetée dans les hasards de la vie. Poe fut presque toujours seul; de plus, l'effroyable contention de son cerveau et l'âpreté de son travail devaient lui faire trouver une volupté d'oubli dans le vin et les liqueurs. Il tirait un soulagement de ce qui fait une fatigue pour les autres. Enfin, rancunes littéraires, vertiges de l'infini, douleurs de ménage, insultes de la misère, Poe fuyait tout dans le noir de l'ivresse, comme dans le noir de la tombe; car il ne buvait pas en gourmand, mais en barbare; à peine l'alcool avait-il touché ses lèvres, qu'il allait se planter au comptoir, et il buvait coup sur coup, jusqu'à ce que son bon Ange fût noyé, et ses facultés anéanties. Il est un fait prodigieux, mais qui est attesté par toutes les personnes qui l'ont connu, c'est que ni la pureté, le fini de son style, ni la netteté de sa pensée, ni son ardeur au travail et à des recherches difficiles ne furent altérés par sa terrible habitude. La confection de la plupart de ses bons morceaux a précédé ou suivi une de ses crises. Après l'apparition d'*Eureka,* il s'adonna à la boisson avec fureur. A New-York, le matin même où la Revue Whig publiait *le Corbeau,* pendant que le nom de Poe était dans toutes les bouches, et que tout le monde se disputait son poëme, il traversait Broadway* en battant les maisons et en trébuchant.

L'ivrognerie littéraire est un des phénomènes les plus communs et les plus lamentables de la vie moderne; mais peut-être y a-t-il bien des circonstances atténuantes. Du temps de Saint-Amant, de Chapelle et de Colletet, la littérature se soûlait aussi, mais joyeusement, en compagnie de nobles et de grands qui étaient fort lettrés, et qui ne craignaient pas le *cabaret*. Certaines dames ou demoiselles elles-mêmes ne rougissaient pas d'aimer un peu le vin, comme le prouve l'aventure de celle que

---

* Boulevard de New-York. C'est justement là qu'est la boutique d'un des libraires de Poe.

845 sa servante trouva en compagnie de Chapelle, tous deux pleu-
rant à chaudes larmes après souper sur ce pauvre Pindare, mort
par la faute des médecins ignorants. Au xviiie siècle, la tradition
continue, mais s'altère un peu. L'école de Rétif boit, mais c'est
déjà une école de parias, un monde souterrain. Mercier, très-
850 vieux, est rencontré rue du Coq-Honoré; Napoléon est monté
sur le xviiie siècle, Mercier est un peu ivre, et il dit *qu'il ne vit
plus que par curiosité**. Aujourd'hui, l'ivrognerie littéraire a
pris un caractère sombre et sinistre. Il n'y a plus de classe
spécialement lettrée qui se fasse honneur de frayer avec les
855 hommes de lettres. Leurs travaux absorbants et les haines
d'écoles les empêchent de se réunir entre eux. Quant aux
femmes, leur éducation informe, leur incompétence politique et
littéraire empêchent beaucoup d'auteurs de voir en elles autre
chose que des ustensiles de ménage ou des objets de luxe. Le
860 diner absorbé et l'animal satisfait, le poëte entre dans la vaste
solitude de sa pensée; quelquefois il est très-fatigué par le
métier. Que devenir alors? Puis, son esprit s'accoutume à l'idée
de sa force invincible, et il ne peut plus résister à l'espérance
de retrouver dans la boisson les visions calmes ou effrayantes
865 qui sont déjà ses vieilles connaissances. C'est sans doute à la
même transformation de mœurs, qui a fait du monde lettré une
classe à part, qu'il faut attribuer l'immense consommation de
tabac que fait la nouvelle littérature.

III

Je vais m'appliquer à donner une idée du caractère général qui
870 domine les œuvres d'Edgar Poe. Quant à faire une analyse de
toutes, à moins d'écrire un volume, ce serait chose impossible,
car ce singulier homme, malgré sa vie déréglée et diabolique, a
beaucoup produit. Poe se présente sous trois aspects: critique,
poëte et romancier; encore dans le romancier y a-t-il un
875 philosophe.
  Quand il fut appelé à la direction du *Messager littéraire du
sud,* il fut stipulé qu'il recevrait 2,500 francs par an. En échange
de ces très-médiocres appointements, il devait se charger de la
lecture et du choix des morceaux destinés à composer le numéro
880 du mois, et de la rédaction de la partie dite *editorial,* c'est-à-dire
de l'analyse de tous les ouvrages parus et de l'appréciation de
tous les faits littéraires. En outre, il donnait souvent, très-
souvent, une nouvelle ou un morceau de poésie. Il fit ce métier

* Victor Hugo connaissait-il ce mot?

pendant deux ans à peu près. Grâce à son active direction et à l'originalité de sa critique, le *Messager littéraire* attira bientôt tous les yeux. J'ai là, devant moi, la collection des numéros de ces deux années: la partie *editorial* est considérable; les articles sont très-longs. Souvent, dans le même numéro, on trouve un compte-rendu d'un roman, d'un livre de poésie, d'un livre de médecine, de physique ou d'histoire. Tous sont faits avec le plus grand soin, et dénotent chez leur auteur une connaissance de différentes littératures et une aptitude scientifique qui rappelle les écrivains français du XVIIIe siècle. Il paraît que pendant ses précédentes misères, Edgar Poe avait mis son temps à profit et remué bien des idées. Il y a là une collection remarquable d'appréciations critiques des principaux auteurs Anglais et Américains, souvent des Mémoires Français. D'où partait une idée, quelle était son origine, son but, à quelle école elle appartenait, quelle était la méthode de l'auteur, salutaire ou dangereuse, tout cela était nettement, clairement et rapidement expliqué. Si Poe attira fortement les yeux sur lui, il se fit aussi beaucoup d'ennemis. Profondément pénétré de ses convictions, il fit une guerre infatigable aux faux raisonnements, aux pastiches niais, aux solécismes, aux barbarismes et à tous les délits littéraires qui se commettent journellement dans les journaux et les livres. De ce côté-là, on n'avait rien à lui reprocher, il prêchait d'exemple; son style est pur, adéquat à ses idées, et en rend l'empreinte exacte. Poe est toujours correct. C'est un fait très-remarquable qu'un homme d'une imagination aussi vagabonde et aussi ambitieuse soit en même temps si amoureux des règles, et capable de studieuses analyses et de patientes recherches. On eût dit une antithèse faite chair. Sa gloire de critique nuisit beaucoup à sa fortune littéraire. Beaucoup de gens voulurent se venger. Il n'est sorte de reproches qu'on ne lui ait plus tard jetés à la figure, à mesure que son œuvre grossissait. Tout le monde connaît cette longue kyrielle banale: immoralité, manque de tendresse, absence de conclusions, extravagance, littérature inutile. Jamais la critique française n'a pardonné à Balzac *le Grand homme de province à Paris*.

Comme poëte, Edgar Poe est un homme à part. Il représente presque à lui seul le mouvement romantique de l'autre côté de l'Océan. Il est le premier Américain qui, à proprement parler, ait fait de son style un outil. Sa poésie, profonde et plaintive, est néanmoins ouvragée, pure, correcte et brillante comme un bijou de cristal. On voit que malgré leurs étonnantes qualités,

qui les ont fait adorer des âmes tendres et molles, MM. Alfred de Musset et Alphonse de Lamartine n'eussent pas été de ses amis, s'il avait vécu parmi nous. Ils n'ont pas assez de volonté et ne sont pas assez maîtres d'eux-mêmes. Edgar Poe aimait les
930 rhythmes compliqués, et, quelque compliqués qu'ils fussent, il y enfermait une harmonie profonde. Il y a un petit poëme de lui, intitulé *les Cloches,* qui est une véritable curiosité littéraire; traduisible, cela ne l'est pas. *Le Corbeau* eut un vaste succès. De l'aveu de MM. Longfellow et Emerson, c'est une merveille.
935 Le sujet en est mince, c'est une pure œuvre d'art. Dans une nuit de tempête et de pluie, un étudiant entend tapoter à sa fenêtre d'abord, puis à sa porte; il ouvre, croyant à une visite. C'est un malheureux corbeau perdu qui a été attiré par la lumière de la lampe. Ce corbeau apprivoisé a appris à parler chez un autre
940 maître, et le premier mot qui tombe par hasard du bec du sinistre oiseau frappe juste un des compartiments de l'âme de l'étudiant, et en fait jaillir une série de tristes pensées endormies: *une femme morte, mille aspirations trompées, mille désirs déçus, une existence brisée*, un fleuve de souvenirs qui se répand dans
945 la nuit froide et désolée. Le ton est grave et quasi-surnaturel, comme les pensées de l'insomnie; les vers tombent un à un, comme des larmes monotones. Dans *le Pays des songes, the Dreamland*, il a essayé de peindre la succession des rêves et des images fantastiques qui assiégent l'âme quand l'œil du corps est
950 fermé. D'autres morceaux, tels qu'*Ulalume*, *Annabel Lee*, jouissent d'une égale célébrité. Mais le bagage poétique d'Edgar Poe est mince. Sa poésie, condensée et laborieuse, lui coûtait sans doute beaucoup de peine, et il avait trop souvent besoin d'argent pour se livrer à cette voluptueuse et infructueuse
955 douleur.

Comme nouvelliste et romancier, Edgar Poe est unique dans son genre, ainsi que Maturin, Balzac, Hoffmann, chacun dans le sien. Les différents morceaux qu'il a éparpillés dans les Revues ont été réunis en deux faisceaux, l'un, *Tales of the*
960 *grotesque and arabesque*, l'autre, *Edgar A. Poe's tales*, édition de Wiley et Putnam. Cela fait un total de soixante-douze morceaux à peu près. Il y a là-dedans des bouffonneries violentes, du grotesque pur, des aspirations effrénées vers l'infini, et une grande préoccupation du magnétisme. La petite édition des
965 contes a eu un grand succès à Paris comme en Amérique, parce qu'elle contient des choses très-dramatiques, mais d'un dramatique tout particulier.

Je voudrais pouvoir caractériser d'une manière très-brève et très-sûre la littérature de Poe, car c'est une littérature toute nouvelle. Ce qui lui imprime un caractère essentiel et la distingue entre toutes, c'est, qu'on me pardonne ces mots singuliers, le conjecturisme et le probabilisme. On peut vérifier mon assertion sur quelques-uns de ses sujets.

Le Scarabée d'or: analyse des moyens successifs à employer pour deviner un cryptogramme, à l'aide duquel on peut découvrir un trésor enfoui. Je ne puis m'empêcher de penser avec douleur que l'infortuné E. Poe a dû plus d'une fois rêver aux moyens de découvrir des trésors. Que l'explication de cette méthode, qui fait la curieuse et littéraire spécialité de certains secrétaires de police, est logique et lucide! Que la description du trésor est belle, et comme on en reçoit une bonne sensation de chaleur et d'éblouissement! Car on le trouve, le trésor! *ce n'était point un rêve*, comme il arrive généralement dans tous ces romans, où l'auteur vous réveille brutalement après avoir excité votre esprit par des espérances apéritives; cette fois, c'est un trésor *vrai*, et le déchiffreur l'a bien gagné. En voici le compte exact: en monnaie, quatre cent cinquante mille dollars, pas un atome d'argent, tout en or, et d'une date très-ancienne; les pièces très-grandes et très-pesantes, inscriptions illisibles; cent dix diamants, dix-huit rubis, trois cent dix émeraudes, vingt-et-un saphirs et une opale; deux cents bagues et boucles d'oreilles massives, une trentaine de chaînes, quatre-vingt-trois crucifix, cinq encensoirs, un énorme bol à punch en or avec feuilles de vigne et bacchantes, deux poignées d'épée, cent quatre-vingt-dix-sept montres ornées de pierreries. Le contenu du coffre est d'abord évalué à un million et demi de dollars, mais la vente des bijoux porte le total au delà. La description de ce trésor donne des vertiges de grandeur et des ambitions de bienfaisance. Il y avait, certes, dans le coffre enfoui par le pirate Kidd de quoi soulager bien des désespoirs inconnus.

Le Maelstrom: ne pourrait-on pas descendre dans un gouffre dont on n'a pas encore trouvé le fond, en étudiant d'une manière nouvelle les lois de la pesanteur?

L'assassinat de la rue Morgue pourrait en remonter à des juges d'instruction. Un assassinat a été commis. Comment? par qui? Il y a dans cette affaire des faits inexplicables et contradictoires. La police jette sa langue aux chiens. Un jeune homme se présente qui va refaire l'instruction par amour de l'art.

Par une concentration extrême de sa pensée, et par l'analyse

1010 successive de tous les phénomènes de son entendement, il est parvenu à surprendre la loi de la génération des idées. Entre une parole et une autre, entre deux idées tout à fait étrangères en apparence, il peut rétablir toute la série intermédiaire, et combler aux yeux éblouis la lacune des idées non exprimées et 1015 presque inconscientes. Il a étudie profondément tous les possibles et tous les enchaînements probables des faits. Il remonte d'induction en induction, et arrive à démontrer péremptoirement que c'est un singe qui a fait le crime.

La Révélation magnétique: le point de départ de l'auteur a 1020 évidemment été celui-ci: ne pourrait-on pas, à l'aide de la force inconnue dite fluide magnétique, découvrir la loi qui régit les mondes ultérieurs. Le début est plein de grandeur et de solennité. Le médecin a endormi son malade seulement pour le soulager. 'Que pensez-vous de votre mal? – J'en mourrai. – Cela vous 1025 cause-t-il du chagrin? – Non.' Le malade se plaint qu'on l'interroge mal. 'Dirigez-moi, dit le médecin. – Commencez par le commencement. – Qu'est-ce que le commencement? – (*A voix très-basse.*) C'est Dieu. – Dieu est-il esprit? – Non. – Est-il donc matière? – Non.' Suit une très-vaste théorie de la matière, des 1030 gradations de la matière et de la hiérarchie des êtres. J'ai publié ce morceau dans un des numéros de la *Liberté de penser*, en 1848.

Ailleurs, voici le récit d'une âme qui vivait sur une planète disparue. Le point de départ a été: peut-on, par voie d'induction 1035 et d'analyse, deviner quels seraient les phénomènes physiques et moraux chez les habitants d'un monde dont s'approcherait une comète homicide?

D'autres fois, nous trouvons du fantastique pur, moulé sur nature, et sans explication, à la manière d'Hoffmann: l'*Homme* 1040 *des foules* se plonge sans cesse au sein de la foule; il nage avec délices dans l'océan humain. Quand descend le crépuscule plein d'ombres et de lumières tremblantes, il fuit les quartiers pacifiés, et recherche avec ardeur ceux où grouille vivement la matière humaine. A mesure que le cercle de la lumière et de la 1045 vie se retrécit, il en cherche le centre avec inquiétude; comme les hommes du déluge, il se cramponne désespérément aux derniers points culminants de l'agitation publique. Et voilà tout. Est-ce un criminel qui a horreur de la solitude? Est-ce un imbécile qui ne peut pas se supporter lui-même?

1050 Quel est l'auteur Parisien un peu lettré qui n'a pas lu le *Chat noir*? Là, nous trouvons des qualités d'un ordre différent.

Comme ce terrible poëme du crime commence d'une manière douce et innocente! 'Ma femme et moi nous fûmes unis par une grande communauté de goûts, et par notre bienveillance pour les animaux; nos parents nous avaient légué cette passion. 1055 Aussi notre maison ressemblait à une ménagerie; nous avions chez nous des bêtes de toute espèce.' Leurs affaires se dérangent. Au lieu d'agir, l'homme s'enferme dans la rêverie noire de la taverne. Le beau chat noir, l'aimable Pluton, qui se montrait jadis si prévenant quand le maître rentrait, a pour lui moins 1060 d'égards et de caresses; on dirait même qu'il le fuit et qu'il flaire les dangers de l'eau-de-vie et du genièvre. L'homme est offensé. Sa tristesse, son humeur taciturne et solitaire augmentent avec l'habitude du poison. Que la vie sombre de la taverne, que les heures silencieuses de l'ivresse morne sont bien dé- 1065 crites! Et pourtant c'est rapide et bref. Le reproche muet du chat l'irrite de plus en plus. Un soir, pour je ne sais quel motif, il saisit la bête, tire son canif et lui extirpe un œil. L'animal borgne et sanglant le fuira désormais, et sa haine s'en accroîtra. Enfin, il le pend et l'étrangle. Ce passage mérite d'être cité: 'Cependant 1070 le chat guérit lentement. L'orbite de l'œil perdu présentait, il est vrai, un spectacle effrayant; toutefois il ne paraissait plus souffrir. Il parcourait la maison comme à l'ordinaire, mais, ainsi que cela devait être, il se sauvait dans une terreur extrême à mon approche. Il me restait assez de cœur pour que je m'affligeasse 1075 d'abord de cette aversion évidente d'une créature qui m'avait tant aimé. Ce sentiment céda bientôt à l'irritation; et puis vint, pour me conduire à une chute finale et irrévocable, l'esprit de PERVERSITÉ. De cette force la philosophie ne tient aucun compte. Cependant, aussi fermement que je crois à l'existence 1080 de mon âme, je crois que la perversité est une des impulsions primitives du cœur humain, l'une des facultés ou sentiments primaires, indivisibles, qui constituent le caractère de l'homme. – Qui n'a pas cent fois commis une action folle ou vile, par la seule raison qu'il savait devoir s'en abstenir? N'avons-nous pas 1085 une inclination perpétuelle, en dépit de notre jugement, à violer ce qui est *la loi,* seulement parce que nous savons que c'est la loi? Cet esprit de perversité, dis-je, causa ma dernière chute. Ce fut ce désir insondable que l'âme éprouve de s'affliger elle-même, – de violenter sa propre nature, – de faire mal pour le seul 1090 amour du mal, – qui me poussa à continuer, et enfin à consommer la torture que j'avais infligée à cette innocente bête. Un matin, de sang-froid, j'attachai une corde à son cou, et je le pen-

dis à une branche d'arbre. – Je le pendis en versant d'abon-
1095 dantes larmes et le cœur plein du remords le plus amer; – je le
pendis, *parce que* je savais qu'il m'avait aimé et *parce que* je
sentais qu'il ne m'avait donné aucun sujet de colère: – je le pendis, *parce que* je savais qu'en faisant ainsi je commettais un
crime, un péché mortel qui mettait en péril mon âme immortelle,
1100 au point de la placer, si une telle chose était possible, hors de
la sphère de la miséricorde infinie du Dieu très-miséricordieux
et très-terrible.'

Un incendie achève de ruiner les deux époux, qui se réfugient
dans un pauvre quartier. L'homme boit toujours. Sa maladie fait
1105 d'effroyables progrès, *'car quelle maladie est comparable à
l'alcool?'* Un soir, il aperçoit sur un des tonneaux du cabaret un
fort beau chat noir, exactement semblable au sien. L'animal se
laisse approcher et lui rend ses caresses. Il l'emporte pour con-
soler sa femme. Le lendemain on découvre que le chat est
1110 borgne, et du même œil. Cette fois-ci, c'est l'amitié de l'animal
qui l'exaspérera lentement; sa fatigante obséquiosité lui fait
l'effet d'une vengeance, d'une ironie, d'un remords incarné
dans une bête mystérieuse. Il est évident que la tête du
malheureux est troublée. Un soir, comme il descendait à la cave
1115 avec sa femme pour une besogne de ménage, le fidèle chat qui
les accompagne s'embarrasse dans ses jambes en le frôlant.
Furieux, il veut s'élancer sur lui; sa femme se jette au devant;
il l'étend d'un coup de hache. Comment fait-on disparaître un
cadavre, telle est sa première pensée. La femme est mise dans
1120 le mur, convenablement récrépi et bouché avec du mortier sali
habilement. Le chat a fui. 'Il a compris ma colère, et a jugé qu'il
était prudent de s'esquiver.' Notre homme dort du sommeil des
justes, et le matin, au soleil levant, sa joie et son allégement sont
immenses de ne pas sentir son réveil assassiné par les caresses
1125 odieuses de la bête. Cependant, la justice a fait plusieurs per-
quisitions chez lui, et les magistrats découragés vont se retirer,
quand tout d'un coup: 'Vous oubliez la cave, Messieurs, dit-il.'
On visite la cave, et comme ils remontent les marches sans avoir
trouvé aucun indice accusateur, 'voilà que, pris d'une idée
1130 diabolique et d'une exaltation d'orgueil inouï, je m'écriai: beau
mur! belle construction, en vérité! on ne fait plus de caves
pareilles! Et ce disant, je frappai le mur de ma canne à l'endroit
même où était cachée la victime.' Une cri profond, lointain,
plaintif se fait entendre; l'homme s'évanouit; la justice s'arrête,
1135 abat le mur, le cadavre tombe en avant, et un chat effrayant,

moitié poil, moitié plâtre, s'élance avec son œil unique, sanglant et fou.

Ce ne sont pas seulement les probabilités et les possibilités qui ont fortement allumé l'ardente curiosité de Poe, mais aussi les maladies de l'esprit. *Bérénice* est un admirable échantillon dans ce genre; quelque invraisemblable et outré que ma sèche analyse la fasse paraître, je puis affirmer au lecteur que rien n'est plus logique et possible que cette affreuse histoire. Egœus et Bérénice sont cousins; Egœus, pâle, acharné à théosophie, chétif et abusant des forces de son esprit pour l'intelligence des choses abstruses; Bérénice, folle et joueuse, toujours en plein air, dans les bois et le jardin, admirablement belle, d'une beauté lumineuse et charnelle. Bérénice est attaquée d'une maladie mystérieuse et horrible désignée quelque part sous le nom assez bizarre de *distorsion de personnalité*. On dirait qu'il est question d'hystérie. Elle subit aussi quelques attaques l'épilepsie, fréquemment suivies de léthargie, tout à fait semblables à la mort, et dont le réveil est généralement brusque et soudain. Cette admirable beauté s'en va, pour ainsi dire, en dissolution. Quant à Egœus, sa maladie, pour parler, dit-il, le langage du vulgaire, est encore plus bizarre. Elle consiste dans une exagération de la puissance méditative, une irritation morbide des facultés *attentives*. 'Perdre de longues heures les yeux attachés à une phrase vulgaire, rester absorbé une grande journée d'été dans la contemplation d'une ombre sur le parquet, m'oublier une nuit entière à surveiller la flamme droite d'une lampe ou les braises du foyer, répéter indéfiniment un mot vulgaire jusqu'à ce que le son cessât d'apporter à mon esprit une idée distincte, perdre tout sentiment de l'existence physique dans une immobilité obstinée, telles étaient quelques-unes des aberrations dans lesquelles m'avait jeté une condition intellectuelle qui, si elle n'est pas sans exemple, appelle certainement l'étude et l'analyse.' Et il prend bien soin de nous faire remarquer que ce n'est pas là l'exagération de la rêverie commune à tous les hommes; car le rêveur prend un objet intéressant pour point de départ, il roule de déduction en déduction, et après une longue journée de rêverie, la cause première est tout à fait envolée, *l'incitamentum* a disparu. Dans le cas d'Egœus, c'est le contraire. L'objet est invariablement puéril; mais, à travers le milieu d'une contemplation violente, il prend une importance de réfraction. Peu de déductions, point de méditations agréables; et à la fin, la cause première, bien loin d'être hors de vue, a conquis un intérêt surnaturel, elle a pris une grosseur anormale qui est le caractère distinctif de cette maladie.

1180   Egœus va épouser sa cousine. Au temps de son incomparable beauté, il ne lui a jamais adressé un seul mot d'amour; mais il éprouve pour elle une grande amitié et une grande pitié. D'ailleurs, n'a-t-elle pas l'immense attrait d'un problème? Et, comme il l'avoue, *dans l'étrange anomalie de son existence, les* 1185 *sentiments ne lui sont jamais venus du cœur, et les passions lui sont toujours venues de l'esprit.* Un soir, dans la bibliothèque, Bérénice se trouve devant lui. Soit qu'il ait l'esprit troublé, soit par l'effet du crépuscule, il la voit plus grande que de coutume. Il contemple longtemps sans dire un mot ce fantôme aminci qui, 1190 dans une douloureuse coquetterie de femme enlaidie, essaye un sourire, un sourire qui veut dire: Je suis bien changée, n'est-ce pas? Et alors elle montre entre ses pauvres lèvres tortillées toutes ses dents. 'Plût à Dieu que je ne les eusse jamais vues, ou que, les ayant vues, je fusse mort!'

1195   Voilà les dents installées dans la tête de l'homme. Deux jours et une nuit il reste cloué à la même place, avec des dents flottantes autour de lui. Les dents sont daguerréotypées dans son cerveau, longues, étroites, comme des dents de cheval mort; pas une tache, pas une crénelure, pas une pointe ne lui a 1200 échappé. Il frissonne d'horreur quand il s'aperçoit qu'il en est venu à leur attribuer une faculté de sentiment et une puissance d'expression morale indépendante même des lèvres. 'On disait de Mlle Sallé *que tous ses pas étaient des sentiments*, et de Bérénice, je croyais plus sérieusement que toutes ses dents 1205 *étaient des idées.*'

Vers la fin du second jour, Bérénice est morte; Egœus n'ose pas refuser d'entrer dans la chambre funèbre et de dire un dernier adieu à la dépouille de sa cousine. La bière a été déposée sur le lit. Les lourdes courtines du lit qu'il soulève retombent 1210 sur ses épaules et l'enferment dans la plus étroite communion avec la défunte. Chose singulière, un bandeau qui entourait les joues s'est dénoué. Les dents reluisent implacablement blanches et longues. Il s'arrache du lit avec énergie, et se sauve épouvanté.

1215   Depuis lors, les ténèbres se sont amoncelées dans son esprit, et le récit devient trouble et confus. Il se retrouve dans la bibliothèque à une table, avec une lampe, un livre ouvert devant lui, et ses yeux tressaillent en tombant sur cette phrase: *Dicebant mihi sodales, si sepulchrum amicœ visitarem, curas meas*

aliquantulum fore levatas. A côté, une boîte d'ébène. Pourquoi 1220
cette boîte d'ébène? N'est-ce pas celle du médecin de la famille?
Un domestique entre pâle et troublé; il parle bas et mal. Cependant il est question dans ses phrases entrecoupées de violation
de sépulture, de grands cris qu'on aurait entendus, d'un cadavre
encore chaud et palpitant qu'on aurait trouvé au bord de sa fosse 1225
tout sanglant et tout mutilé. Il montre à Egœus ses vêtements;
ils sont terreux et sanglants. Il le prend par la main; elle porte
des empreintes singulières, des déchirures d'ongles. Il dirige
son attention sur un outil qui repose contre le mur. C'est une
bêche. Avec un cri effroyable Egœus saute sur la boîte; mais 1230
dans sa faiblesse et son agitation il la laisse tomber, et la boîte,
en s'ouvrant, donne passage à des instruments de chirurgie den-
taire qui s'éparpillent sur le parquet avec un affreux bruit de fer-
raille mêlés aux objets maudits de son hallucination. Le
malheureux, dans une absence de conscience, est allé arracher 1235
son idée fixe de la mâchoire de sa cousine, ensevelie par erreur
pendant une de ses crises.

Généralement Edgar Poe supprime les accessoires, ou du
moins ne leur donne qu'une valeur très-minime. Grâce à cette
sobriété cruelle, l'idée génératrice se fait mieux voir et le sujet 1240
se découpe ardemment sur ces fonds nus. Quant à sa méthode
de narration, elle est simple. Il abuse du *je* avec une cynique
monotonie. On dirait qu'il est tellement sûr d'intéresser, qu'il
s'inquiète peu de varier ses moyens. Ses contes sont presque
toujours des récits ou des manuscrits du principal personnage. 1245
Quant à l'ardeur avec laquelle il travaille souvent dans l'horrible, j'ai remarqué chez plusieurs hommes qu'elle était souvent
le résultat d'une très grande énergie vitale inoccupée, quelquefois d'une opiniâtre chasteté, et aussi d'une profonde sensibilité refoulée. La volupté surnaturelle que l'homme peut 1250
éprouver à voir couler son propre sang, les mouvements
brusques et inutiles, les grands cris jetés en l'air presque
involontairement sont des phénomènes analogues. La douleur
est un soulagement à la douleur, l'action délasse du repos.

Un autre caractère particulier de sa littérature est qu'elle est 1255
tout à fait anti-féminine. Je m'explique. Les femmes écrivent,
écrivent avec une rapidité débordante; leur cœur bavarde à la
rame. Elles ne connaissent généralement ni l'art, ni la mesure,
ni la logique; leur style traîne et ondoie comme leurs vêtements.
Un très-grand et très-justement illustre écrivain, George Sand 1260
elle-même, n'a pas tout à fait, malgré sa supériorité, échappé à

cette loi du tempérament; elle jette ses chefs-d'œuvre à la poste comme des lettres. Ne dit-on pas qu'elle écrit ses livres sur du papier à lettres?

1265   Dans les livres d'Edgar Poe, le style est serré, *concaténé*; la mauvaise volonté du lecteur ou sa paresse ne pourront pas passer à travers les mailles de ce réseau tressé par la logique. Toutes les idées, comme des flèches obéissantes, volent au même but.

J'ai traversé une longue enfilade de contes sans trouver une
1270 histoire d'amour. Je n'y ai pensé qu'à la fin, tant cet homme est enivrant. Sans vouloir préconiser d'une manière absolue ce système ascétique d'une âme ambitieuse, je pense qu'une littérature sévère serait chez nous une protestation utile contre l'envahissante *fatuité* des femmes, de plus en plus surexcitée par
1275 la dégoûtante idolâtrie des hommes; et je suis très-indulgent pour Voltaire, trouvant bon, dans sa préface de *la Mort de César*, tragédie sans femme, sous de feintes excuses de son impertinence, de bien faire remarquer son glorieux tour de force.

1280   Dans Edgar Poe, point de pleurnicheries énervantes; mais partout, mais sans cesse l'infatigable ardeur vers l'idéal. Comme Balzac, qui mourut peut-être triste de ne pas être un pur savant, il a des rages de science. Il a écrit un *Manuel du conchyliologiste* que j'ai oublié de mentionner. Il a, comme les con-
1285 quérants et les philosophes, une entraînante aspiration vers l'unité; il assimile les choses morales aux choses physiques. On dirait qu'il cherche à appliquer à la littérature les procédés de la philosophie, et à la philosophie la méthode de l'algèbre. Dans cette incessante ascension vers l'infini, on perd un peu l'haleine.
1290 L'air est raréfié dans cette littérature comme dans un laboratoire. On y contemple sans cesse la glorification de la volonté s'appliquant à l'induction et à l'analyse. Il semble que Poe veuille arracher la parole aux prophètes, et s'attribuer le monopole de l'explication rationnelle. Aussi, les paysages qui
1295 servent quelquefois de fond à ses fictions fébriles sont-ils pâles comme des fantômes. Poe, qui ne partageait guère les passions des autres hommes, dessine des arbres et des nuages qui ressemblent à des rêves de nuages et d'arbres, ou plutôt, qui ressemblent à ses étranges personnages, agités comme eux d'un
1300 frisson surnaturel et galvanique.

Une fois, cependant, is s'est appliqué à faire un livre purement humain. *La narration d'Arthur Gordon Pym*, qui n'a pas eu un grand succès, est une histoire de navigateurs qui, après

de rudes avaries, ont été pris par les calmes dans les mers du
Sud. Le génie de l'auteur se réjouit dans ces terribles scènes et 1305
dans les étonnantes peintures de peuplades et d'îles qui ne sont
point marquées sur les cartes. L'exécution de ce livre est excessivement simple et minutieuse. D'ailleurs, il est présenté
comme un livre de bord. Le navire est devenu ingouvernable;
les vivres et l'eau buvable sont épuisés; les marins sont réduits 1310
au cannibalisme. Cependant, un brick est signalé. 'Nous n'aper-
çûmes personne à son bord jusqu'à ce qu'il fût arrivé à un quart
de mille de nous. Alors nous vîmes trois hommes qu'à leur cos-
tume nous prîmes pour des Hollandais. Deux d'entre eux
étaient couchés sur de vieilles voiles près du gaillard d'avant, 1315
et le troisième, qui paraissait nous regarder avec curiosité, était
à l'avant, à tribord, près du beaupré. Ce dernier était un homme
grand et vigoureux, avec la peau très-noire. Il semblait, par ses
gestes, nous encourager à prendre patience, nous faisant des
signes qui nous semblaient pleins de joie, mais qui ne laissaient 1320
pas que d'être bizarres, et souriant immuablement, comme pour
déployer une rangée de dents blanches très-brillantes. Le navire
approchant davantage, nous vîmes son bonnet de laine rouge
tomber de sa tête dans l'eau; mais il n'y prit pas garde, con-
tinuant toujours ses sourires et ses gestes baroques. Je rapporte 1325
toutes ces choses et ces circonstances minutieusement, et je les
rapporte, cela doit être compris, précisément comme elles nous
apparurent.

'Le brick venait à nous lentement, et mettait maintenant le
cap droit sur nous, et, – je ne puis parler de sang-froid de cette 1330
aventure, – nos cœurs sautaient follement au dedans de nous,
et nous répandions toutes nos âmes en cris d'allégresse et en
actions de grâces à Dieu pour la complète, glorieuse et inespérée
délivrance que nous avions si palpablement sous la main. Tout
à coup et tout à la fois, de l'étrange navire, – nous étions mainte- 1335
nant sous le vent à lui, – nous arrivèrent, portées sur l'océan,
une odeur, une puanteur telles, qu'il n'y a pas dans le monde
de mots pour les exprimer; infernales, suffoquantes, intolé-
rables, inconcevables. J'ouvris la bouche pour respirer, et me
tournant vers mes camarades, je m'aperçus qu'ils étaient plus 1340
pâles que du marbre. Mais nous n'avions pas le temps de nous
questionner ou de raisonner, le brick était à cinquante pieds de
nous, et il semblait dans l'intention de nous accoster par notre
arrière, afin que nous pussions l'aborder sans l'obliger à mettre
son canot à la mer. Nous nous précipitâmes au devant, quand, 1345

tout à coup, une forte embardée le jeta de cinq ou six points hors du cap qu'il tenait, et comme il passait à notre arrière à une distance d'environ vingt pieds, nous vîmes son pont en plein. Oublierais-je jamais la triple horreur de ce spectacle? Vingt-cinq ou trente corps humains, parmi lesquels quelques femmes, gisaient disséminés çà et là entre la dunette et la cuisine, dans le dernier et le plus dégoûtant état de putréfaction! Nous vîmes clairement qu'il n'y avait pas une âme vivante sur ce bateau maudit! Cependant, nous ne pouvions pas nous empêcher d'implorer ces morts pour notre salut! Oui, dans l'agonie du moment, nous avons longtemps et fortement prié ces silencieuses et dégoûtantes images de s'arrêter pour nous, de ne pas nous abandonner à un sort semblable au leur, et de vouloir bien nous recevoir dans leur gracieuse compagnie! La terreur et le désespoir nous faisaient extravaguer, l'angoisse et le découragement nous avaient rendus totalement fous.

'A nos premiers hurlements de terreur, quelque chose répondit qui venait du côté du beaupré du navire étranger, et qui resemblait de si près au cri d'un gosier humain, que l'oreille la plus délicate eût été surprise et trompée. A ce moment, une autre embardée soudaine ramena le gaillard d'avant sous nos yeux, et nous pûmes comprendre l'origine de ce bruit. Nous vîmes la grande forme robuste toujours appuyée sur le plat-bord et remuant toujours la tête deçà, delà, mais tournée maintenant de manière que nous ne pouvions lui voir la face. Ses bras étaient étendus sur la lisse du bastingage, et ses mains tombaient en dehors. Ses genoux étaient placés sur une grosse amarre, largement ouverts et allant du talon du beaupré à l'un des bossoirs. A l'un de ses côtés, où un morceau de la chemise avait été arraché et laissait voir le nu, se tenait une énorme mouette, se gorgeant activement de l'horrible viande, son bec et ses serres profondément enfoncés, et son blanc plumage tout éclaboussé de sang. Comme le brick tournait et allait nous passer sous le vent, l'oiseau, avec une apparente difficulté retira sa tête rouge, et après nous avoir regardés un moment comme s'il était stupéfié, se détacha paresseusement du corps sur lequel il festinait, puis il prit directement son vol au-dessus de notre pont, et plana quelque temps avec un morceau de la substance coagulée et quasi vivante dans son bec. A la fin, l'horrible morceau tomba, en l'éclaboussant, juste aux pieds de Parker. Dieu veuille me pardonner, mais alors, dans le premier moment, une pensée traversa mon esprit, une pensée que je n'écrirai pas, et je me sentis faisant un pas machinal vers le morceau sanglant. Je levai les yeux, et mes regards recontrèrent ceux d'Auguste qui étaient pleins d'une intensité et d'une énergie de désir telles que cela me rendit immédiatement à moi-même. Je m'élançai vivement, et avec un profond frisson, je jetai l'horrible chose à la mer.

'Le cadavre d'où le morceau avait été arraché, reposant ainsi sur l'amarre, était aisément ébranlé par les efforts de l'oiseau carnassier, et c'étaient d'abord ces secousses qui nous avaient induits à croire à un être vivant. Quand l'oiseau le débarrassa de son poids, il chancela, tourna et tomba à moitié, et nous montra tout à fait sa figure. Non, jamais il n'y eut d'objet aussi terrible! Les yeux n'y étaient plus, et toutes les chairs de la bouche rongées, les dents étaient entièrement à nu. Tel était donc ce sourire qui avait encouragé notre espérance! Tel était ... mais je m'arrête. Le brick, comme je l'ai dit, passa à notre arrière, et continua sa route en tombant sous le vent. Avec lui et son terrible équipage s'évanouirent lentement toutes nos heureuses visions de joie et de délivrance.'

Eureka était sans doute le livre chéri et longtemps rêvé d'Edgar Poe. Je ne puis pas en rendre compte ici d'une manière précise. C'est un livre qui demande un article particulier. Quiconque a lu la *Révélation magnétique*, connaît les tendances métaphysiques de notre auteur. *Eureka* prétend développer le procédé, et démontrer la loi suivant laquelle l'univers a revètu sa forme actuelle visible, et trouvé sa présente organisation, et aussi comment cette même loi, qui fut l'origine de la création, sera le moyen de sa destruction et de l'absorption définitive du monde. On comprendra facilement pourquoi je ne veux pas m'engager à la légère dans la discussion d'une si ambitieuse tentative. Je craindrais de m'égarer et de calomnier un auteur pour lequel j'ai le plus profond respect. On a déjà accusé Edgar Poe d'être un panthéiste, et quoique je sois forcé d'avouer que les apparences induisent à le croire tel, je puis affirmer que, comme bien d'autres grands hommes épris de la logique, il se contredit quelquefois fortement, ce qui fait son éloge; ainsi, son panthéisme est fort contrarié par ses idées sur la hiérarchie des êtres, et beaucoup de passages qui affirment évidemment la permanence des personnalités.

Edgar Poe était très-fier de ce livre, qui n'eut pas, ce qui est tout naturel, le succès de ses contes. Il faut le lire avec précaution et faire la vérification de ses étranges idées par la juxtaposition des systèmes analogues et contraires.

IV

J'avais un ami qui était aussi un métaphysicien à sa manière, enragé et absolu, avec des airs de Saint-Just. Il me disait souvent, en prenant un exemple dans le monde, et en me regardant moi-même de travers: 'Tout mystique a un vice caché.' Et je continuais sa pensée en moi-même: donc, il faut le détruire. Mais je riais, parce que je ne le comprenais pas. Un jour, comme je causais avec un libraire bien connu et bien achalandé, dont la spécialité est de servir les passions de toute la bande mystique et des courtisans obscurs des sciences occultes, et comme je lui demandais des renseignements sur ses clients, il me dit: 'Rappelez-vous que tout mystique a un vice caché, souvent très-matériel; celui-ci l'ivrognerie, celui-là la goinfrerie, un autre la paillardise; l'un sera très-avare, l'autre très-cruel, etc...'

Mon Dieu! me dis-je, quelle est donc cette loi fatale qui nous enchaîne, nous domine, et se venge de la violation de son insupportable despotisme par la dégradation et l'amoindrissement de notre être moral? Les illuminés ont été les plus grands des hommes. Pourquoi faut-il qu'ils soient châtiés de leur grandeur? Leur ambition n'était-elle pas la plus noble? L'homme sera-t-il éternellement si limité qu'une de ses facultés ne puisse s'agrandir qu'au détriment des autres? Si vouloir à tout prix connaître la vérité est un grand crime, ou au moins peut conduire à de grandes fautes, si la niaiserie et l'insouciance sont une vertu et une garantie d'équilibre, je crois que nous devons être très-indulgents pour ces illustres coupables, car, enfants du XVIIIe et du XIXe siècle, ce même vice nous est à tous imputable.

Je le dis sans honte, parce que je sens que cela part d'un profond sentiment de pitié et de tendresse, Edgar Poe, ivrogne, pauvre, persécuté, paria, me plaît plus que calme et *vertueux*, un Gœthe ou un W. Scott. Je dirais volontiers de lui et d'une classe particulière d'hommes, ce que le catéchisme dit de notre Dieu: 'Il a beaucoup souffert pour nous.'

On pourrait écrire sur son tombeau: 'Vous tous qui avez ardemment cherché à découvrir les lois de votre être, qui avez aspiré à l'infini, et dont les sentiments refoulés ont dû chercher un affreux soulagement dans le vin de la débauche, priez pour lui. Maintenant, son être corporel purifié nage au milieu des êtres dont il entrevoyait l'existence, priez pour lui qui voit et 1470 qui sait, il intercédera pour vous.'

CHARLES BAUDELAIRE

Textual Notes

The marginal numbers refer to lines in Baudelaire's essay. Symbols in the notes refer as follows:

HE *Histoire extraordinaires,* ed. J. Crépet. Paris: Conard 1932
OP Baudelaire, *Œuvres posthumes.* Volumes I, II, and III, ed. J. Crépet and Cl. Pichois. Paris: Conard 1939–52
NRF Baudelaire, *Œuvres complètes,* ed. Y.-G. Le Dantec. Paris: NRF 1931. Vol. XIII: *Traductions d'Edgar Poe* (bibliographie, notes, etc.)
JMD Daniel's review of the Redfield edition of Poe's *Works;* text given in Appendix A
JRT Thompson's obituary of Poe; text given in Appendix B
1856 Baudelaire's preface to *Histoires extraordinaires.* Paris: Michel Lévy 1856

1–27 As Le Dantec points out (NRF, 438–9), the paragraph was inspired in part by the following passage in *Madame Putiphar,* by Petrus Borel:

Je ne sais s'il y a un fatal destin, mais il y a certainement des destinées fatales; mais il est des hommes qui sont donnés au malheur; mais il est des hommes qui sont la proie des hommes, et qui leur sont jetés comme on jetait des esclaves aux tigres des arènes; pourquoi? ... Je ne sais. Et pourquoi ceux-ci plutôt que ceux-là? je ne sais non plus: ici la raison s'égare et l'esprit qui creuse se confond.

S'il y a une Providence, est-ce pour l'humanité, et non pour l'homme? Est-ce pour le tout et non pour la parcelle? L'avenir de chaque être est-il écrit comme l'avenir du monde? La Providence marque-t-elle chaque créature de son doigt? Et si elle les marque toutes, pourquoi son doigt pousse-t-il parfois dans l'abyme [sic], pourquoi sa sollicitude est-elle parfois si funeste?

2   On the special significance of the word *guignon* for Baudelaire, see Crépet's note, HE, 395–6.

5   Crépet recalls (OP I, 565) that the Goncourt brothers refer in their *Journal* to a convict whose forehead was tattooed with these words. More recently, American newspapers printed the photograph of a young criminal on whose fingers were tattooed the words: 'Hard Luck.'

9–11   Le Dantec (NRF, 443) remarks that the same image is found in Baudelaire's poem, 'Le Rebelle,' composed, according to Prarond, before 1844, but printed for the first time in 1861, in the second edition of *Les Fleurs du Mal*.

15–29   Crépet notes (OP I, 568) that Baudelaire had previously linked the names of Balzac and Hoffman in 'Du Vin et du Haschisch,' published in 1851.

34   The name of Vauvenargues was omitted by Baudelaire in 1856.

35   This *esprit,* according to Crépet (OP I, 568) is Jean-Jacques Rousseau. The reader was referred to the *Confessions,* book II.

37   A further allusion to Hoffmann; see OP I, 568.

49–50   As Crépet points out (OP I, 568), these lines were borrowed from Gautier's poem, 'Ténèbres,' included in his *Poésies complètes* (Paris: Charpentier 1845, 171–7). In 1856, they were replaced by the following, from the same poem:

L'aigle, pour le briser, du haut du firmament
Sur leur front découvert lâchera la tortue,
Car *ils* doivent périr inévitablement.

51   In 1856, Vigny's name is replaced by the phrase: 'Un écrivain célèbre de notre temps.' The book referred to is, of course, his *Stello*. See Crépet's notes, HE, 396 and OP I, 568.

57   The documents used by Baudelaire were not nearly so numerous as he seems to imply. The verb used here (*je viens de lire*) indicates that he had consulted the articles by Daniel and by Thompson only a short time before writing the essay.

61–5   This was not taken from Cooke, as Crépet surmised (OP I, 569), although Thompson quoted Cooke and Baudelaire had therefore seen the quotation. The source is plainly JMD: *Had Mr Poe possessed mere talent, even with his unfortunate moral constitution, he might have been a popular and money-making author.* In 1856, while Baudelaire does not name Daniel, for the simple reason that he never knew his name, he says of him: *Il est bien intentionné, le brave homme* (HE, ix).

64   In the third printing of the *Histoires extraordinaires,* published in 1857, Baudelaire changed this to read: *money-making.*

68–71   Crépet thought this was taken from Lowell's article on Poe, published in *Graham's Magazine* in 1845 (OP I, 569 and HE, 397), but Baudelaire had not yet seen that article (see the note below, on lines 383–5). The source is JMD: *True genius ... can now make books that will sell, and it will keep its owner above want if he chooses to use it with discretion. Talent is still better than genius in such matters ...*

What seems to have happened is that Baudelaire, either from confusion or the desire to make it appear that his sources were more numerous than they actually were, attributed to two different critics remarks that were made by only one, Daniel.

71–5 JMD (quoting Willis): *Mr Poe wrote with fastidious difficulty, and in a style too much above the popular level to be well paid.*

75–7 There are many possible sources of this proverb, beginning with

> ... rem facias, rem
> Si possis, recte; si non, quocumque mode rem.
>
>> Horace, *Epistles,* I, i, 65

> and including

> Get money; still get money, boy:
> No matter by what means.
>
>> Ben Jonson, *Every Man in his Humour,* Act II, Scene iii

Crépet inquired: *Mais pourquoi Baudelaire écrivait-il 'l'odieux proverbe paternel'?* The answer is that the lines by Jonson were spoken by a father to his son.

77–8 The reference is given by Crépet (OP I, 569): *Soirées de Saint-Pétersbourg,* sixth conversation. In 1856, Baudelaire omitted the allusion to Locke.

79–101 This has all the earmarks of a personal experience, but the American has not been positively identified. It might conceivably have been Mann, who had a strong sense of national pride.

87–9 JMD: *He was equally well known in New York, Philadelphia, Boston, Baltimore and Richmond.*

95–8 This seems to echo the sentiments expressed by Philarète Chasles in his *Etudes sur la littérature et les mœurs des Anglo-Américains au XIX*ₑ *siècle,* published a short time before (Paris: Amyot 1851, 274–5):

> L'opinion et la presse, son ministre et son esclave, ont fait en Amérique des ravages extraordinaires et accompli d'incroyables usurpations. Il semble qu'il faille à tous les peuples un tyran, et que la loi de l'humanité soit de se soumettre à un pouvoir comme celle du pouvoir est d'abuser. Les Américains, tout en professant les principes démocratiques, ont créé le pouvoir de l'opinion et s'y soumettent.

98–100 This is very similar to another statement by Chasles (*op. cit.,* 329):

> Avec ses penchants aristocratiques, le *Yankie* est susceptible comme un provincial; il prend feu dès qu'un étranger s'avise de reprocher une imperfection à l'Amérique.

112 Cf. Chasles (*op. cit.,* 404): Sam Slick, a 'typical' American is speaking: 'Nous allons de l'avant ... Nous avons tant de choses à faire:'

120 Baudelaire's own knowledge of the date of Poe's death was very recent; see the note on line 577.

121 Baudelaire himself had once believed Poe to be a rich young gentleman; see his dedicatory letter to Mrs Clemm in HE, 391–2.

125 In 1856, the text was divided here and this section, preceded by the Roman numeral II, extended to line 577.

128–9 JMD: *he called upon the widow to tender his acknowledgments.* In 1856, Baudelaire corrected his mistranslation.

131 As Crépet says, she was the sister, not the daughter, of the admiral (HE, 406).

131 JMD gives *McBride,* as does Griswold, along with most American authorities. Baudelaire retained his spelling, however, throughout all revisions and reprintings.

134 JMD: *he made a runaway match with her, and was disowned by his friends therefor.* We have here a typical example of Baudelaire's practice of reject-

ing facts, or alleged facts, when he felt they reflected discredit on Poe.

135 In 1856, this was changed to read: *Avec la sienne;* but, in the posthumous Lévy edition of Baudelaire's works, it reverted to the form given here: *à la sienne.*

139–40 JMD: *They* came *to Richmond.* This verb was the natural one for Daniel to use, since he was writing from Richmond. Perhaps, if Baudelaire had not been translating so literally, he might have written: *allèrent.*

143–6 It seems odd that Baudelaire would neglect something as important as the date and place of Poe's birth. The explanation is that he was dependent on Daniel for this information and Daniel did not provide it. In 1856, Baudelaire wrote: *Edgar Poe était né à Baltimore en 1813,* Thus following Griswold. Actually, of course, both Griswold and Baudelaire were wrong: Poe was born at Boston in 1809. See also the note on line 577.

144 JMD: *their gifted but most miserable and unfortunate son.* In 1856, Baudelaire follows Griswold and writes: *trois enfants en bas âge, dont Edgar.*

145 JMD: *a wealthy and kindhearted merchant.* Another instance of Baudelaire's deliberate omission; he did not consider Allan *kindhearted.*

152 JMD: *Bransby.* Baudelaire corrected the spelling in the third printing of the *Histoires extraordinaires* in 1857.

154–75 This paragraph has always been regarded, not only as original with Baudelaire, but typical of his views. Crépet observes (OP I, 570):

'Ces réflexions sur la part qu'a l'enfance à la formation du génie se retrouvent souvent sous la plume de notre auteur.' Le Dantec (NRF, 448) compares this paragraph with chapter IV of Baudelaire's *Paradis artificiels,* which deals with *Le Génie enfant.* Actually, here Baudelaire merely translated or paraphrased JMD. That may be why he omitted these lines in 1856.

160–8 JMD: *It is then that the idiosyncracy [sic] receives its peculiar tinge, genius its individuality, expression its ground-colors, Those of Poe differ remarkably from all others of American literature.*

Baudelaire's misunderstanding of the term *ground-color* led him into a curious elaboration of Daniel's sentence.

172–3 JMD: *Nearly all of Poe's tales are autobiographical – all the best are.*

173–4 JMD: *We have often been told by himself that the following picture of Dr Bransby's school is accurate to the letter.*

176–308 This long quotation from 'William Wilson' was translated verbatim from JMD. Precisely the same passage was quoted by Griswold in his 'Memoir,' along with other details that Griswold borrowed from Daniel, just as Daniel had borrowed from Griswold. Unaware of this complication, Crépet arrived at a false conclusion (OP I, 570):

'Pour la citation, il convient de remarquer qu'elle commence et finit ice aux mêmes endroits que dans le *Griswold's Memoir,* ce qui semble bien prouver que Baudelaire connaissait ce factum dès 1852.'

323 For the misprint, *campagne,* read *compagne.*

331 JMD: *his feats of activity, his wayward temper.* The latter phrase, being somewhat derogatory, was omitted by Baudelaire.

333–4 JMD: *his musical recitations of verse.*

334 JMD: *the University of Virginia.* 1856: *l'Université de Charlottesville.* An instance where Baudelaire's 'correction,' based on Griswold's *the University at Charlottesville,* was not felicitous.

336–7 JMD: *Mr Edgar A. Poe was remarked as the most dissolute and dissipated youth at the University.* Baudelaire either did not understand Daniel's remark, or else he intentionally weakened it – probably the latter.

343 JMD: *vices. Fredaines* (Youthful pranks) is hardly an adequate equivalent.

352 (note) JMD: *The life, &c., with the details of Poe's adventures in Russia ... is no where.* That is to say, not in the first two volumes of the Redfield edition, which were the subject of Daniel's review.

364–78 Baudelaire's confusion and exasperation are certainly understandable. Although Daniel refrained from making an open accusation, he clearly implied that Poe was guilty of misconduct with the second Mrs Allan. This malicious and baseless gossip must have delighted Griswold, who repeated it in his 'Memoir.'

380–1 JMD: *In 1831, he printed a small volume of poems ...* Griswold says: *Shortly after he left West Point, Poe printed at Baltimore a small volume of verse.* 1856: *Peu de temps après avoir quitté Richmond, Poe publie un petit volume de poésies.*

Daniel was referring to *Poems,* published by Bliss in New York, since he was apparently unacquainted with Poe's earlier volumes, published in 1827 and 1829. Griswold was referring to *Al Aaraaf, Tamerlane and minor poems.* In 1856, confused by this seemingly contradictory testimony, Baudelaire fell back on Lowell's statement in the first volume of the Redfield edition, without attempting further to unravel the question of chronology.

382 JMD: *But they did not sell – at which we have never wondered. They contained but one good thing.* Although Baudelaire had not seen the volume, and was never to see it, he refused to subscribe to Daniel's adverse judgement.

383–5 JMD: *Of this piece, Mr James Russell Lowell affectedly says, 'There is a smack of ambrosia about it'* – and in truth its graceful simplicity will compare with the best things in the Greek Anthology.

Neglecting to observe the punctuation, Baudelaire ascribed both of the remarks to Lowell, although the second clearly represents Daniel's view. Baudelaire's error shows beyond any reasonable doubt that he had not yet read Lowell's article on Poe in *Graham's Magazine,* though he did see it later, in the Redfield edition. See the note on lines 68–71.

385–94 The views expressed here are little short of astounding. 'To Helen' is one of the four poems by Poe that Baudelaire had read when he wrote this essay. It is certainly one of Poe's best and is generally considered very good, even by those who do not care for his work in general. Baudelaire obviously was not favourably impressed by it, going so far as to call it a *pastiche* and unworthy of Poe's best writing (of which he knew very little, as we have seen). It may or may not be significant that this highly personal judgment was omitted in 1856.

399 JMD: *he got abundantly near enough to death's door to 'hear the hinges creak.'* Crépet observes (OP I, 571):

En général, quand Baudelaire emploie l'italique, c'est pour une citation, et presque toujours de l'auteur dont il parle.

Such is indeed the case generally, but in this particular instance, Baudelaire's italics merely replace Daniel's quotation marks.

401–2 JMD: *A committee of distinguished litterateurs ... John P. Kennedy at their head.*

405 JMD: *But while chattering over the wine at the meeting ...* Could it be that Baudelaire wished to avoid any inference that the judges who awarded the prize to Poe might have been tipsy?

408–9 Baudelaire's parenthetical comment is well worth noting, as it tends to show that he wanted his reader to understand that, despite the lack of quotation marks, he was directly quoting an American source.

409–10 JMD: *Mr Kennedy read a page solely on that account.* Just before the publication of the second installment of the essay (27 March 1852), Baudelaire wrote to his mother:

> J'avais beaucoup oublié l'anglais, ce qui rendait la besogne plus difficile. Mais maintenant je le sais très bien.

A blunder like the one indicated here makes one wonder if Baudelaire were not a trifle over-confident.

411–12 JMD: *to the first of geniuses that has written a legible hand.* The source was not Griswold, as Crépet thought (OP I, 571); at least, not directly. While Griswold originated the remark in his 'Ludwig' article, Baudelaire knew it only through Daniel's quotation.

415–17 These two sentences were added by Baudelaire, surely for their pathetic effect.

420–1 Baudelaire's inserted remark, *suivant une tactique bien connue,* has strong autobiographical overtones.

422–3 JMD: *neither drawers or socks.* While Baudelaire was not averse to realistic detail, in this essay he was writing on a more spiritual plane, so he omitted Daniel's sordid touch.

428 The reference to Lesage was Baudelaire's own idea, of course.

430–1 JMD: *was building up.* Could Baudelaire have misread this for *was buying up?* The 1856 version is: *fondait.*

432 JMD: *$500 per annum.*

432–3 JMD: *On this income he immediately married himself to a girl without a cent.* Griswold said: *he had married his cousin, Virginia Clemm, a very amiable and lovely girl, who was as poor as himself.* 1856: Immédiatement, – dit Griswold, ce qui veut dire: il se croyait donc assez riche, l'imbécile! – il épousa une jeune fille, belle, charmante, d'une nature aimable et héroïque, mais ne possédant pas un sou, – *ajouta le même Griswold avec une nuance de dédain.*

A comparison of the four texts makes it clear that Baudelaire was unfair to Griswold, in this instance, when he attributed to him, in 1856, the words *immediately* and *without a cent,* which actually came from Daniel. This explanation should clarify Crépet's note in OP I, 571. It is possible that the words *avec une nuance de dédain* were suggested by Hannay, as we have indicated in the introduction.

433–8 Another of Baudelaire's hints that he was quoting from an unspecified source. See the note on lines 408–9.

442–53 Crépet points out (OP I, 572) that Baudelaire left this passage out in 1856.

444–5 JMD: *For this last he always continued to write, and to be well paid therefor.* The reason for Baudelaire's omission of the last part of Daniel's sentence should be obvious.

449–50 We have seen (introduction, xix) that Baudelaire owned a copy of this edition.

453 JMD: *which we shall notice more fully hereafter.* By translating this incidental remark, Baudelaire showed that he intended to adopt Daniel's whole plan of organization, as well as the substance of his review.

455–6 JMD adds: *and the requisite amount was easily reached.* Omitted by Baudelaire, lest it diminish the pathetic effect.

459–61 JMD: *A bitter note through the same vehicles of intelligence, announcing his contempt for all who professed themselves to be his friends, and his general disgust with the world.* Daniel here distorts the sense of Poe's letter to Willis (see Poe's *Works,* ed. Harrison, XVII, 274–5). Baudelaire seems to have misunderstood completely, thinking that the 'bitter note' was an attack on Poe. That is even clearer in 1856: *Une note nouvelle paraît dans un journal, – celle-là, plus que cruelle, – qui accuse son mépris et son dégoût du monde, et lui fait un de ces procès de tendances, véritables réquisitoires de l'opinion, contre lesquels il eut toujours à se défendre.*

In an effort to make some sense of this obscure passage, Crépet suggested that Baudelaire was perhaps referring to Poe's controversy with Thomas Dunn English (HE, 412). Daniel's text gives us the key to the meaning.

467–9 An ironic observation injected by Baudelaire.

472–4 The fact that Baudelaire lacked information is more obvious today than it was to the readers of the *Revue de Paris* in 1852.

475–9 We may assume that this sentence was intended for the edification of Mme Aupick. See the note on lines 650–61.

480 As Crépet points out (OP I, 572), such lectures in France required prior authorization by the police.

497–551 Daniel attended Poe's lectures, which were given in the Exchange Concert Room, and reported them in his newspaper, *The Examiner*. Baudelaire's long paragraph is partly translated, partly paraphrased, from Daniel's eye-witness account.

499–500 JMD: *This idea infects half the criticism and all the poetry of this utilitarian country.*

504–6 Two sentences were added here by Baudelaire.

507–10 Crépet reminds us that this condemnation of Goethe's disciples was contemporaneous with Baudelaire's first article on Pierre Dupont (OP I, 572).

513–14 This sentence was added by Baudelaire.

515–34 Here Baudelaire was not quoting Poe directly, as some critics have inferred; he was simply translating passages from Daniel's summary of the Richmond lecture. It was months later before he was able to read the text of 'The Poetic Principle,' after he had acquired a copy of the Redfield edition.

536 JMD added a sentence here, which Baudelaire chose to ignore: *The critiques were for the most part just and all were entertaining.*

543–8 Baudelaire's description of Poe's voice was based on Daniel's, but less detailed. For example, one entire sentence was omitted: *On the last two syllables of every sentence he fell invariably the fifth of an octave.*

Baudelaire would have been pleased with the account by another listener at Poe's lecture, Bishop Fitzgerald:

He was a charming reader, his manner the opposite of the elocutionary or sensational – quiet, without gesture, with distinctness of utterance, nice shading of accent, easy gracefulness. [Quoted in Poe's *Works*, ed. Harrison, I, 319.]

552 JMD: *a large audience, we recollect.*

556–8 JMD: *the treatment which he received thereafter seems to have pleased him very much.* Perhaps it was the glorified memory of Poe's success at Richmond that encouraged Baudelaire to emulate him in Brussels many years later, with disastrous results.

558 JMD began his sentence with the following words, which Baudelaire did not see fit to translate: *He joined the 'Sons of Temperance.'*

559 The widow was Mrs Sarah Elmira Royster Shelton. After he had read in Griswold's 'Memoir' the account of Poe's abortive engagement to Mrs Whitman, Baudelaire left out the reference to the romance with Mrs Shelton, lest it be considered another infidelity *envers la pauvre morte dont l'image vivait toujours en lui* (HE, xxvi). There is no reason to suppose that Baudelaire ever knew the names of the two widows, since Griswold (with what was with him rare decency) refrained from divulging them. Nor, for that matter, does it

appear that Baudelaire ever had the pleasure of reading Mrs Whitman's eloquent defence of Poe, published in 1860.

561 JMD: *the ideal and original of his Lenore.* It is not clear whether Daniel was referring to the poem that bears this title, or to 'The Raven.' In any event, Baudelaire must have been mystified, for he had read neither.

562–3 JMD: *a new collection of his tales.* According to Crépet (OP I, 572): 'Ce sera l'édition posthume dont Poe avait en personne préparé les deux premiers volumes.' I can recall no authority for this statement and I believe it may be based on misinformation.

563 JMD: *Some rich woman, named Mrs St Leon Loud.*

565 JMD: *make a memoir &c. He knew nothing about them save their good price, and he was going on for the job.*

572 JMD: *the passion which ruled him to his ruin.* Another example of Baudelaire's compassionate editing.

573–4 JMD: *out of a gutter.* Baudelaire's euphemistic version may be just as accurate as Daniel's.

576 JMD: *died the author of the Raven and of Eureka.* Baudelaire had read neither of these works, but he had read 'The Black Cat' and probably felt it desirable to include the title of at least one work with which he was personally familiar.

577 Neither Daniel nor Thompson gave the date of Poe's death, an oversight that must have inconvenienced Baudelaire and started him on a frantic search for the missing information. He did not obtain it until his manuscript was in the hands of the printer (see the introduction, xxviii).

It is possible that the date was supplied by the American consul in Paris, if we can placd any faith in the following passage from Charles Yriarte's *Portraits cosmopolites* (Paris: Lachaud 1870, 134–5):

... il racontait avec indignation la réception du consul général auquel il était allé demander de faire des démarches pour établir l'état civil d'Edgar Poë [*sic*], mort peu de temps auparavant ...

Baudelaire gave the date of Poe's death correctly, but he was three years off in the matter of his age, for Poe was forty, not thirty-seven, when he died. Baudelaire was never able to get the dates straightened out satisfactorily; in 1856, he states that Poe was born in 1813 and that he died on 7 October 1849, at the age of thirty-seven! Poe's coquettishness about his age was in part responsible. Still, as anyone who has read Baudelaire's correspondence should know, the poet was not very good about dates.

581 JMD: *She was a Miss Clemm, a cousin in some degree to her husband. We hope for the honor of the man and we believe from all the rumors we have heard, that his treatment of his wife was kind throughout.* The mere thought that Poe could have acted otherwise was reason enough for Baudelaire to pass over this sentence.

586 JMD: *was the best thing we know of Edgar Poe.* It is hard to imagine that Baudelaire did not know what he was about, when he translated this sentence as he did.

589–649 The long extract from Willis was translated verbatim by Baudelaire from the quotation given in JMD. In 1856, after he had read the entire article in the Redfield edition, Baudelaire was content merely to paraphrase a part of it.

607 JMD (quoting Willis): *Mr Poe wrote with fastidious difficulty.* (See the note on lines 71–5.)

613 JMD (quoting Willis): *thinly and insufficiently clad.*

616 JMD (quoting Willis): *begging for him.*

624 JMD (quoting Willis): *guarding him against exposure.*

625 JMD (quoting Willis): *when he was carried away by temptation.*

626–7 JMD (quoting Willis): *and awoke from his self-abandonment prostrated in destitution and suffering.*

628 JMD (quoting Willis): *begging for him still.*

635 JMD (quoting Willis): *Mrs Clemm.*

636–8 JMD (quoting Willis): *It is merely a request that we would call upon her, but we will copy a few of its words – sacred as its privacy is.*

650–61 Perhaps, when Baudelaire asked his mother to read his essay on Poe, he hoped that the deeper meaning of this intensely personal paragraph would not be lost on her.

662 JRT: *The untimely death of Mr Poe occasioned a very general feeling of regret, although little genuine sorrow was called forth by it, out of the narrow circle of his relatives.*

Baudelaire's truncated version of this sentence leaves a very different impression from the one that Thompson intended. Thompson's wording is very close to that of his friend, Griswold, alias 'Ludwig,' in the obituary notice for the *New York Tribune*. See the introduction, p. xxxi and note.

665–76 Longfellow's letter was addressed, not to Baudelaire, as some have thought, but to John R. Thompson, who quoted a passage from it in his obituary of Poe. It is this passage that Baudelaire translated.

666–7 JRT: *towards whom, it must be said, Mr Poe did not always act with justice.*

675–6 JRT (quoting Longfellow's letter): *chafed by some indefinite sense of wrong.*

Baudelaire's translation poses a problem: is it possible that his knowledge of English was so poor that he failed completely to grasp Longfellow's meaning?

677–8 Baudelaire's resentment at Longfellow's use of the word *affluent* in connection with Poe's prose is amusing, but his rejoinder indicates that, even in 1852, he was familiar with at least a part of Longfellow's work.

679–924 In this section of the essay, which corresponds to section III of the 1856 preface, Baudelaire followed Daniel's text less closely, paraphrasing and altering many passages, interposing his own comments, but frequently reverting to straight translation, whenever he considered Daniel's views not unfavourable to Poe.

679–92 This introductory paragraph, which owes nothing to JMD, was omitted in 1856.

694–5 JMD: *slenderly but compactly built. His hands and feet were moderately large, and strongly shaped, as were all his joints.*

The terms *moderately large* and *joints* obviously were stumbling-blocks for Baudelaire.

696–705 It will have been noted by this time that several of the purely original passages in this essay are concerned with Balzac more than with Poe.

713 JMD: *when he was sober.* Baudelaire's euphemism needs no comment.

714 JMD: *everything ... distinguished Mr Poe as a man of mark.* Whatever Baudelaire meant, it was not what Daniel had in mind.

720 JMD: *His complexion was clear and dark – when the writer knew him.* Baudelaire did not translate the second part of the sentence.

725–44 The entire passage, describing Poe in phrenological terms, was borrowed from Daniel, with the usual omission of derogatory details. In his article on 'Lavater, Gall et Baudelaire' (*Revue de littérature comparée*, avril et juillet 1933, 269–98 and 429–56), G.T. Clapton presented an interesting analysis of this passage, unfortunately based on the false assumption that these were Baudelaire's own ideas.

743 JMD: *It contained little moral sense and less reverence.*
    This is perhaps Baudelaire's highest achievement in attenuating Daniel's deprecatory remarks. Immediately after this pretty compliment, Daniel devoted a dozen or so lines to showing that Poe was unlike Voltaire, lines that Baudelaire mercifully skipped.

749 The writer whose name Baudelaire cannot recall was P. Pendleton Cooke, whom Thompson had quoted in his obituary of Poe.

750 Baudelaire gives the impression that Cooke's article was written after Poe's death, whereas it was printed in the *Messenger* for January 1848. Baudelaire could have borrowed the volume from Mann, who had it with him in Paris. We may be sure, however, that Baudelaire did not see the article by Cooke; if he had, he would have made use of the other interesting items it contained, including the entire text of 'The Raven.'

753 The odd expression, *la tête forte de notre pays,* seems to be derived from Daniel's statement that Poe was *the true head of American literature.* There is nothing in Cooke's text remotely resembling it.

753–8 JRT (quoting Cooke): *For my individual part, having read the seventy or more tales, analytic, mystic, grotesque, arabesque ... I would like to read one cheerful little book made by his own invention ... a book full of homely doings ... or ruddy firesides.*

758–9 JRT: *But it could not be. Mr Poe was not the man to have produced a home-book.*

763 JMD: *Mr Poe's hair was dark, and when we knew him ...* Cf. the note on line 720.

765–7 JMD: *the attire of a gentleman.* Baudelaire added: *qui a autre chose à faire.*

775–96 Paraphrased and translated from JMD.

782–3 JMD: *not all all exclusive in his audiences.* Crépet suggested (HE, 417) that Baudelaire might have been thinking of himself when he wrote this. Not impossible, certainly, but the fact remains that the phrase came straight from JMD.

791 JMD: *a Kepler, or a Bacon.* The addition of the name of Swedenborg, whom Baudelaire deeply admired, constituted an original contribution.

791–804 Freely adapted from JMD, with touches of JRT.

808–9 Whether Poe would have been happier in France or Germany is a moot question. On this point, Remy de Gourmont gave his opinion in his *Promenades littéraires* (I, 348):

Je ne crois pas que le milieu américain ait été plus hostile à Poe que le milieu français à tel de nos contemporains ... En France, Poe eût peut-être souffert davantage. Pas plus que Baudelaire, que Flaubert, que Villiers, que Verlaine, que Mallarmé, il n'eût été capable de gagner sa vie.

811–12 JMD: *He became, and was, an Ishmaelite. His place of abode was as uncertain and unfixed as the Bedouin's.*

813–19 These are Baudelaire's own deductions.

822–3 JMD: *He did drink most barbarously ... His taste for drink was a simple disease – no source of pleasure or excitement.*

824–6 JMD: *he would go at once to a bar and drink off glass after glass as fast as its tutelar genius could mix them.*
    This is perhaps the prize specimen of Baudelaire's mistranslations. But, after all, was he entirely to blame for his failure to fathom the meaning of Daniel's affectedly elegant figure of speech?

826–30 JMD: *But wonderful as it may seem, we do not believe that the force of his intellect was at all impaired thereby.*

834–5 JMD: *all New York was agog about it.*

837–919 This long digression on literary topers was entirely Baudelaire's work, but it was probably suggested by a corresponding one in JMD, in which Loffland, Otway, and the Elizabethan dramatists were used as examples. Like so many of the other completely origial passages in Baudelaire's essay, this one was sacrificed in the revision of 1856.

835 (note) Gleaned from the title page of *Tales,* where the address of Wiley and Putnam is given: 161 Broadway.

844–5 Crépet (OP I, 575) informs us that the young lady was Mlle Chouars.

849–50 According to Crépet (OP I, 575), Mercier's remark was quoted by Louis Lacour in his edition of *Paris pendant la Révolution,* published by Poulet-Malassis in 1862 and perhaps reviewed by Baudelaire (see the *Bulletin Baudelairien* for 9 avril 1969, 14–15). In a footnote (II, 142), Lacour quoted Mercier: 'Je vis par curiosité, disait-il plus tard.' Crépet declared that he had been unable to ascertain the source of Baudelaire's information in 1852.

851–2 Cf. *La Fanfarlo* (in *Paradis artificiels,* ed. Crépet, 250): 'la débauche de l'esprit, l'impuissance du cœur, qui font que l'on ne vit plus que par curiosité.' Baudelaire was therefore acquainted with the phrase as early as 1847, if not before, as *La Fanfarlo* is thought to have been written several years before it was published.

852 (note) Hugo had written, in *Marion de Lorme,* Act IV, scene viii:

Le Roi
Pourquoi vis-tu?
L'Angély
Je vis par curiosité.
[Quoted by Crépet, OP I, 575.]

869–1429 In 1856, This section, numbered IV, was only about a fourth as long and limited to a very general appraisal of Poe's literary qualities, with few references to individual works.

869–70 JMD: *We pass to the writings of Mr Poe.*

886–7 Baudelaire is referring here to the volumes of the *Messenger* for 1835 and 1836, which Mann had lent him, along with those for 1849 and 1850, containing JRT and JMD.

888–9 Such as Dr Haxall's *Dissertation on the Importance of Physical Signs in the Various Diseases of the Abdomen and Thorax,* which Poe reviewed in the issue for October 1836.

897 Poe reviewed the *Memoirs* of Lucien Bonaparte in October 1836. This issue, which contained no less than fifteen reviews by Poe, seems to have made a deep impression on Baudelaire.

901–2 JRT: *he contrived to attach to himself animosities of the most enduring kind.* JMD: *His writing ... made him an immense number of enemies among literary men.*

903 JRT: *No elegant imbecile or conceited pedant ... but felt the lash of his severity ... He did not easily pardon solecism in others; he committed none himself.*

908 JRT: *And yet in his most eccentric vagaries he was always correct.*

908–12 JRT: *It is remarkable, too, that a mind so prone to unrestrained imaginings should be capable of analytic investigations or studious research.*

912 JRT: *He was an impersonated antithesis.*

918–19 See the note on lines 696–705.

920 JMD: *As a poet, we must contemplate in this author an unfinished column.* Daniel's analysis of Poe's poetry can bear comparison with almost anything that has been written on the subject. Although it is very brief, it is intelligent and sensitive. Keeping in mind that Baudelaire had read very few of Poe's poems, it must be admitted that his comments are inferior to those of Daniel.

926–7 This view, typical of Baudelaire's well-known antipathy for Musset and Lamartine, was obviously not borrowed from JMD.

932 'The Bells' was known to Baudelaire, since JRT quoted the entire text. The judgment expressed here is tepid, compared to Daniel's.

934 In neither JMD or JRT is there to be found any basis for the view ascribed to Longfellow and Emerson. It seems to be a product of Baudelaire's imagination. Moreover, it is unlikely that Emerson, who called Poe a 'jingle man,' would have uttered such praise of 'The Raven.'

935–45 It seems perfectly certain that Baudelaire would not have been content simply to translate Daniel's summary and criticism of the poem, if he had read it himself.

935 JMD: *a work of pure art.*

945 JMD: *the grave and supernatural tone with which it rolls on the ear.*

947–8 JMD: *Dreamland.* The superfluous definite article was supplied by Baudelaire.

948–9 JMD: *That poem is a fanciful picture of the phantasmagoria of dreams, of the broken and fantastic images which swim before the half-closed eye of the mind, when the sense and the judment are enveloped in sleep.*

950 The banality of Baudelaire's comment on these two poems might induce one to suspect that he had read neither, but that he had simply borrowed the titles from JMD, where they are linked as they are here. Actually, Baudelaire *had* read 'Annabel Lee,' which was quoted in JRT. He had not read 'Ulalume,' however.

953–5 JMD: *He wanted money too often and too much to develope [sic] his wonderful imagination in verse.*

956–1237 JMD: *As a tale-writer.* At last Baudelaire approached a subject on which he could speak from first-hand, if limited, knowledge. He most certainly owned a copy of the Wiley and Putnam edition of twelve of Poe's tales. Here he discusses seven of them, with a generous use of translated extracts. He also devotes two pages and a half to 'Berenice,' which he had read in the *Messenger.* Surprisingly, he does not refer, even by title, to one of the finest stories in *Tales,* 'The Fall of the House of Usher,' although it had not yet been translated into French. None of this criticism, constituting the bulk of Baudelaire's own views of Poe's work, was retained in 1856.

961–2 See the note on lines 753–8. The Wiley and Putnam volume contained only twelve stories and *Tales of the Grotesque and Arabesque* only twenty-five, or a total of thirty-seven in the two editions, if we disregard duplications; if these are taken into account, the total is reduced to thirty-four. It is clear, therefore, that Baudelaire had not seen a copy of *Tales of the Grotesque and Arabesque.*

980–1001 In this summary of 'The Gold Bug,' with its meticulous inventory of the contents of Kidd's treasure chest, Baudelaire perhaps found vicarious pleasure; his own financial situation at the time was exceedingly bleak.

1030–2 It might be noted that Baudelaire does not refer here to Poe's earlier French translators, Brunet, Pichot, Forgues, and Mme Meunier.

1033–7 This paragraph refers, of course, to 'The Conversation of Eiros and Charmion.'

1053–7 This is roughly paraphrased; there is no exact equivalent in Poe's text.

1070–1102 It has not been previously noted that these lines were copied, almost *verbatim,* including italics and capitals, from Mme Meunier's translation of 'The Black Cat,' printed in *La Démocratie pacifique* for 27 January 1847 (see the introduction, xv). All the other translations from Poe given in this essay are Baudelaire's own. Why he chose to use that of Mme Meunier in this instance alone is not clear. He must have had a copy of her translation before him, to reproduce the text so faithfully.

1093 Here Baudelaire made a slight error in copying the text of Mme Meunier, who had written: *autour de son cou.*

1120 Misprint for *recrépi.*

1121–2 Baudelaire again paraphrases here; there is no exact equivalent in Poe.

1127 A paraphrase.

1129–33 Another paraphrase.

1138–1237 See the note on lines 956–1237. Baudelaire was soon to publish a translation of this story, in *l'Illustration* for 17 avril 1852.

1141 For *outré,* read *outrée.*

1184–6 In one of the last letters he ever wrote, (*Corresp. gén.,* V, 307), Baudelaire uses almost identical words, applying them to himself: 'les affections me viennent beaucoup de l'esprit.'

1247–50 Le Dantec (NRF, 475) suggests that Baudelaire is here thinking of himself, perhaps unconsciously.

1253–4 Le Dantec (NRF, 474) finds in this sentence an idea similar to the one Baudelaire expressed in his poem, 'Héautontimorouménos.'

1260 In his later writings, especially in his *Journaux intimes,* Baudelaire reveals a quite different opinion of George Sand.

1274–5 In after years, Baudelaire was less indulgent toward Voltaire, referring to him in *Mon Cœur mis à nu* (OP II, 98) as 'l'anti-poète,' 'le roi des badauds,' etc. However, in 'L'Ecole païenne,' which is of about the same date as the essay on Poe, he lauds Voltaire's taste and says: 'il était encore homme d'action, et il aimait les hommes' (*Art romantique,* ed Crépet, 292).

1282–3 It is not known where Baudelaire obtained the title of this book, which is not mentioned in JMD or JRT. He may have seen a reference to it in the *Messenger.*

1301–1406 All of the commentary on *Arthur Gordon Pym,* as well as the long quotation from the novel, was translated from JMD. It is possible that Baudelaire owned or saw a copy of the first American edition (see *Corresp. gén.,* VI, 69).

1307–8 JMD: *The execution of the work is exceedingly plain and careless.* It would appear that Baudelaire misunderstood the word *plain* and confused *careless* with *careful!*

1408–9 JMD: *Eureka ... we may not enter in this article.*

1411–16 JMD: *Eureka is an attempt to develope* [sic] *the process and demonstrate the law by which the universe assumed its visible phenomena and present organization; and to demonstrate further, how this same law, or principle, and process, must evidently reduce all things to the vague, imperceptible, immaterial chaos of pure matter or spirit from which it rose.*

Daniel may not have understood what *Eureka* was all about, but we may be sure that Baudelaire knew even less, never having laid eyes on the book.

1416–18 In her very lively *Baudelaire* (New York: New Directions 1958, 215–17), the late Enid Starkie took exception to some of the conclusions presented in my article, 'New Light on Baudelaire and Poe,' published in the *Yale French Studies* (No. 10, Fall-Winter 1952, 65–9). She stated, in particular, that I was not 'completely fair' when I said that Baudelaire had perpetrated a hoax, when he tried 'to give the impression of having mastered the American writer's works' but had actually read almost none of them. I did use the word 'hoax,' but with no intention of denigrating Baudelaire. In fact, my exact words were: 'A hoax, if you will, but a hoax that Baudelaire's master, Poe, would have appreciated to the fullest.' I see no reason to revise this opinion.

Miss Starkie also quoted me as saying that Baudelaire's action was 'similar to what he had done in the case of *The Young Enchanter.*' I have never made any such statement, nor do I believe it to be true. The two cases are utterly different.

But, when Baudelaire said of *Eureka*: 'On comprendra facilement pourquoi je ne veux pas m'engager à la légère dans la discussion d'une si ambitieuse tentative,' he was undoubtedly indulging in one of the *mystifications* for which he was notorious.

1431–71 Daniel ended his review abruptly with his eulogy of *Eureka*. Baudelaire brought his essay to a more graceful conclusion by adding a final section, in which he defended the *illuminés* in general, and Poe in particular. The preface of 1856 is the poorer for the elimination of these lines.

1470–1 Cf. *Fusées* (OP II, 84):

Faire tous les matins ma prière à Dieu, réservoir de toute force et de toute justice, à mon père, à Mariette et à Poe, comme intercesseurs.

Appendices

A John M. Daniel's review of Poe's *Works,*
Southern Literary Messenger, March 1850

EDGAR ALLAN POE

The works of the late EDGAR ALLAN POE, with notices of his life and
genius. By N.P. Willis, J.R. Lowell and R.W. Griswold. In two volumes, New York: J.S. Redfield, Clinton Hall, 1850. 12mo. pp. 483, 495.

Here we have at last the result of the long experiment; the
residium in the retort; the chrystals in the crucible; the ashes of
the furnace; the attainment of fiery trial and of analysis the most
acute. How much bitter misery went to write these pages; –
what passion, what power of mind and heart were needed to

strike these impressions – the only footprints on the sands of time of a vitality in which the lives of ten ordinary men were more than condensed – will never be known save to those who knew in person the man they embody.

These half told tales and broken poems are the only records of a wild, hard life; and all that is left of a real genius, – genius in the true sense of the word, unmistakeable and original. No other American has half the chance of a remembrance in the history of literature. Edgar Poe's reputation will rest in a very small minority of the compositions in these two volumes. Among all his poems, there are only two or three which are not execrably bad. The majority of his prose writings are the children of want and dyspepsia, of printer's devils and of blue devils. Had he the power of applying his creative faculties – as have had the Miltons, the Shakspeares and all the other demiurgi – he would have been a very great man. But there is not one trace of that power in these volumes; and his career and productions rather resemble those of the Marlowes, the Jonsons, the Dekkers, and the Websters, the old dramatists and translunary rowdies of the Elizabethan age, than the consistent lives and undying utterances of those who claim the like noble will and the shaping imagination. Had Mr Poe possessed mere *talent*, even with his unfortunate moral constitution, he might have been a popular and money-making author. He would have written a great many more good things than he has left here; but his title to immortality would not and could not have been surer than it is. For the few things that this author has written which are at all tolerable, are coins stamped with the indubitable die. They are of themselves, – *sui generis*, – unlike any diagrams in Time's Kalaidescope, – and gleam with the diamond hues of eternity.

But before passing to a consideration of the amber, convention and circumstance require an examination of the dirty little fleas and flies who have managed to embalm themselves therein. The works of Edgar Allan Poe are introduced to the world by no less than three accredited worldlings – or as the public would have us say no less than three celestial steeds of the recognized Pegasean pedigree are harnessed to drag the caput mortuum of the unfortunate Poe into the light of public favour. Mr Rufus Griswold had seen the poor 'fellow.' Mr N.P. Willis had also seen and pitied the man; had gone so far as to give him the post of *sub-critic* to himself – N.P. Willis, Esq. – in one of his newspapers; Mr James Russell Lowell had found his sable sym-

pathies sufficiently extensive to take in the distressed master of
the Raven, in spite of his colour and birth-place; – he could spare
enough affection from Brother Frederick Douglass and Brother
William Brown to make a Brother Poe out of him too. The three
felt quite pitifully sentimental at his dog's death; and with the
utmost condescension they hearkened to the clink of the publisher's silver, and agreed to erect a monument to the deceased
genius, in the shape of Memoir and Essay preliminary to his
works. Their kindness and their generosity has been published
to the world in every newspaper. The bookseller's advertise-
ment, that all persons possessing letters and correspondence of
Poe should send them straightway to him, has gone with the
news. The publication of the works of Poe were kept back from
the public for a long time, that they might be brought out in a
blaze of glory by this mighty triumvirate of patrons. Troy was
not built; composition like theirs is not finished in a day. Here
it is at last – and duty compels us to say, that this is the rawest,
the baldest, the most offensive, and the most pudent humbug
that has been ever palmed upon an unsuspecting moon-calf of
a world. These three men have managed to spin into their nineteen pages and a half of barren type more to call forth the indignation of all right feeling and seeing people than we have ever
seen before in so little space; and they have practised in the publication as complete a swindle on the purchaser as ever sent a
knave to the State prison. Mr Rufus Griswold we know to be
the dispenser of literary fame – the great Apollo of our literary
heavens. Through the successive editions of those big little
books, the 'Prose and Prose Writings of America,' and the
'Poets and Poetry' of the same, he lifts either the head of the
miserable American to the stars, or sinks him into the ignomini-
ous chills and shadows of Hades. Why his name goes forth to
the world on the title page of these volumes we are totally unable
to say; – for not one word of his do they contain. We are forced
to believe that he is stuck into the frontispiece for the purpose
of giving respectability to the author whose writings follow. As
Smollet, Voltaire, Johnson and other names celebrated on the
doorposts of booksellers, were wont, for so much a volume, to
grant the privilege of their names to miserable translations, and
to compiled memoirs still more miserable – so doth the eminent
Griswold give his *imprimatur* to the amaranthine verse and to
the fadeless prose of Edgar Poe! The Life, &c., with the details
of Poe's adventures in Russia, his letters, and his personal his-

tory, which were repeatedly promised through the press, and for which those already owning nearly all of Poe's writings have been induced to purchase this new edition – is no where. In the place thereof, we have a counterfeit shinplaster, ragged, dirty, ancient and worn, which Mr James Russell Lowell had palmed upon the publisher of a Magazine very many years ago. Mr James Russell Lowell belongs to a minute species of literary insect, which is plentifully produced by the soil and climate of Boston. He has published certain 'Poems;' they are copies of Keats, and Tennyson, and Wordsworth; and baser or worse done imitations the imitative tribe have never bleated forth. He has also written some very absurd prose – a volume entitled 'Conversations on the Old Dramatists,' &c. Into this he has managed, together with a great deal of false sentiment and false criticism, to stow a large amount of transcendentalism, social-ism, and abolition. For Mr Lowell is one of that literary set, which has grown up in the Northern States of this Union, who find no delight in the science and the philosophy of this earth save when it is wrong and wicked – save when it sets common sense and common humanity at defiance. If there is anything that ought not to he believed, these people go and believe it for that very reason. But the book and its teachings are alike forgot-ten and unknown. With the name of Mr James Russell Lowell the public is better acquainted from its frequent appearance in the proceedings of abolitionist meetings in Boston, check by jowl with the signatures of free negroes and runaway slaves. His seven pages in this present compilation contain none of his great political principles, but they contain not one single fact of Poe's history accurately stated. They furnish a very happy exemplifi-cation of the style in which his 'Conversations' are written – which is that of a broken merchant's ledger, all figures signifying nothing save the number and variety of his pickings and stealings.

Six pages by the man milliner of our literature, Mr N.P. Wil-lis, constitutes in reality the only original writing in the be-heralded 'Notices of Edgar A. Poe by Rufus Griswold, James Russell Lowell, and N.P. Willis,' – and of these six, three are taken up with extracts from the New York Tribune. The rest are occupied rather with N.P. Willis than with Edgar Allan Poe. It is here explained how all Poe's celebrity came from the good natured patronage of N.P. Willis – and how N.P. Willis rescued the 'Raven' from oblivion and spread its wings to all the world by consenting to its insertion in his Home Journal, – the weekly newspaper of mantua maker's girls, and of tailor's boys. Such is the tone and air of the entire editorial work of this publication. These three horny-eyed dunces come before the world as the patrons and literary vouchers of the greatest genius of the day. But with all their parade, as we before mentioned, these editors make no pretence of informing the reader in relation to the facts of Mr Poe's Life. So far as we are able it shall be our endeavour to supply the deficiency. The sketch which follows is a compilation of the facts contained in the New York Tribune's obituary of Poe; in Griswold's Prose Writers; one or two others which we pick from Mr Willis's three pages; and several furnished by our own recollections of and conversations with the subject of discourse.

His family was a very respectable one in Baltimore. His grandfather was a Quartermaster-General in the Revolution, and the esteemed friend of Lafayette. During the last visit of that personage to this country, he called upon the widow to tender her his acknowledgments for services rendered him by her husband. His great-grandfather married a daughter of the celebrated British Admiral McBride. Through him they are related to many of the most illustrious families in England. Edgar Poe's father was reputably brought up and educated. Becoming enamored with a beautiful young actress, he made up a runaway match with her, and was disowned by his friends therefor. He then went upon the stage himself. But neither he or his wife possessed mimetic genius, and they lived precariously. They came to Richmond in pursuit of their profession. She was somewhat of a favorite on our boards – but more on account of her beauty than her acting. They both died in Richmond – both of consumption, and within a few weeks of each other, and left here without a friend or home their gifted but most miserable and unfortunate son. Mr John Allan, a wealthy and kind hearted merchant of this place, having no children of his own, taking a natural fancy to the handsome, clever child, adopted him as son and heir. He was consequently brought up amidst luxury, and received the advantages of education to their fullest extent. In 1816 he accompanied his adopted parents in a tour through England, Scotland and Ireland. They returned to this country, leaving him at Dr Brandsby's High School, Stoke Newington, near London, where he continued five years.

Those accustomed to self-consciousness and mental

analysis, will know that nearly all the images of memory and passion are gathered in the years when the child approaches the youth. It is then that the idiosyncracy receives its peculiar tinge, genius its individuality, and expression its ground-colors. Those of Poe differ remarkably from all other of American Literature. One would scarcely deem him American at all – and yet he is not English. The circumstances under which these five years were past throw light upon many of his peculiarities. In one of his very best but least noted tales, he gives a singular account of his life at this school of Stoke Newington. We allude to the sketch entitled 'William Wilson.' Nearly all of Poe's tales are biographical – all the best are. The characters and the incidents are but the drapery of some memory of himself. The tale in question is peculiarly so. We have been often told by himself, that the following picture of Dr Bransby's school is accurate to the letter.

'My earliest recollections of a school life, are connected with a large, rambling, Elizabethan house, in a misty-looking village of England, where were a vast number of gigantic and gnarled trees, and where all the houses were excessively ancient. In truth, it was a dream-like and spirit-soothing place, that venerable old town. At this moment, in fancy, I feel the refreshing chilliness of its deeply-shadowed avenues, inhale the fragrance of its thousand shrubberies, and thrill anew with undefinable delight, at the deep hollow note of the church-bell, breaking, each hour, with sullen and sudden roar, upon the stillness of the dusky atmosphere in which the fretted Gothic steeple lay embedded and asleep.

It gives me, perhaps, as much of pleasure as I can now in any manner experience, to dwell upon minute recollections of the school and its concerns. Steeped in misery as I am – misery, alas! only too real – I shall be pardoned for seeking relief, however slight and temporary, in the weakness of a few rambling details. These, moreover, utterly trivial, and even ridiculous in themselves, assume, to my fancy, adventitious importance, as connected with a period and a locality when and where I recognise the first ambiguous monitions of the destiny which afterwards so fully over-shadowed me. Let me then remember.

The house, I have said, was old and irregular. The grounds were extensive, and a high and solid brick wall, topped with a bed of mortar and broken glass, encompassed the whole. This prison-like rampart formed the limit of our domain; beyond it we saw but thrice a week – once every Saturday afternoon, when, attended by two ushers, we were permitted to take brief walks in a body through some of the neighboring fields – and twice during Sunday, when we were paraded in the same formal manner to the morning and evening service in the one church of the village. Of this church the principal of our school was pastor. With how deep a spirit of wonder and perplexity was I wont to regard him from our remote pew in the gallery, as, with step solemn and slow, be ascended the pulpit! This reverend man, with countenance so demurely benign, with robes so glossy and so clerically flowing, with wig so minutely powdered, so rigid and so vast, – could this be he who, of late, with sour visage, and in snuffy habiliments, administered, ferule in hand, the Draconian Laws of the academy? Oh, gigantic paradox, too utterly monstrous for solution!

At an angle of the ponderous wall frowned a more ponderous gate. It was riveted and studded with iron bolts, and surmounted with jagged iron spikes. What impressions of deep awe did it inspire! It was never opened save for the three periodical egressions and ingressions already mentioned; then, in every creak of its mighty hinges, we found a plenitude of mystery – a world of matter for solemn remark, or for more solemn meditation.

The extensive enclosure was irregular in form, having many capacious recesses. Of these, three or four of the largest constituted the play-ground. It was level, and covered with fine hard gravel. I well remember it had no trees, nor benches, nor anything similar within it. Of course it was in the rear of the house. In front lay a small parterre, planted with box and other shrubs; but through this sacred division we passed only upon rare occasions indeed – such as a first advent to school or final departure thence, or perhaps, when a parent or friend having called for us, we joyfully took our way home for the Christmas or Midsummer holydays.

But the house! – how quaint an old building was this! – to me how veritably a palace of enchantment! There was really no end to its windings – to its incomprehensible subdivisions. It was difficult at any given time, to say with certainty upon which of its two stories one happened to be. From each room to every other there were sure to be found three or four steps either in ascent or descent. Then the lateral branches were innumerable – inconceivable – and so returning in upon themselves, that our most exact ideas in regard to the whole mansion were not very far different from those with which we pondered upon infinity. During the five years of my residence here, I was never able to ascertain with precision, in what remote locality lay the little sleeping apartment assigned to myself and some eighteen or twenty other scholars.

The school room was the largest in the house – I could not help thinking, in the world. It was very long, narrow, and dismally low, with pointed Gothic windows and a ceiling of oak. In a remote and terror-inspiring angle was a square enclosure of eight or ten feet, comprising the *sanctum*, 'during hours,' of our principal, the Reverend Dr Brans-by. It was a solid structure, with massy door, sooner than open which in the absence of the 'Dominie,' we would all have willingly perished by the *peine forte et dure*. In other angles were two other similar boxes, far less reverenced, indeed, but still greatly matters of awe. One of these was the pulpit of the 'classical' usher, one of the 'English and mathematical.' Interspersed about the room, crossing and recrossing in endless irregularity, were innumerable benches and desks, black, ancient, and time-worn, piled desperately with much-be-thumbed books, and so beseamed with initial letters, names at full length, grotesque figures, and other multiplied efforts of the knife, as to have entirely lost what little of original form might have been their portion in days long departed. A huge bucket with water stood at one extremity of the room, and a clock of stupendous dimensions at the other.

Encompassed by the massy walls of this venerable academy. I passed yet not in tedium or disgust, the years of the third lustrum of my life. The teeming brain of childhood requires no external world of incident to occupy or amuse it; and the apparently dismal monotony of a school was replete with more intense excitement than my riper youth has derived from luxury, or my full manhood from crime. Yet I must believe that my first mental development had in it much of the uncommon – even much of the *outre*. Upon mankind at large the events of very early existence rarely leave in mature age any definite impression. All is gray shadow – a weak and irregular remembrance – an indistinct regathering of feeble pleasures and phantasmagoric pains. With me this is not so. In childhood I must have felt with the energy of a man what I now find stamped upon memory in lines as vivid, as deep, and as durable as the *exergues* of the Carthaginian medals.

Yet in fact – in the fact of the world's view – how little was there to remember. The morning's awakening, the nightly summons to bed; the connings, the recitations; the periodical half-holydays and perambulations; the play-ground, with its broils, its pastimes, its intrigues; these, by a mental sorcery long forgotten, were made to involve a wilderness of sensation, a world of rich incident, an universe of varied emotion, of excitement the most passionate and spirit-stirring. *"Oh, le bon temps, que ce siecle de fer!"'*

Edgar Poe returned from Dr Bransby's school to Richmond, in 1822, and continued his studies, under the best masters which the city afforded, for two or three years more. He was at this period remarkable for his general cleverness, his feats of activity, his wayward temper, extreme personal beauty, his musical recitations of verse, and power of extemporaneous tale-telling. In 1825 he went to the University of Virginia. The University was then a most dissolute place, and Mr Edgar A. Poe was remarked as the most dissolute and dissipated youth in the University. He was already a great classical scholar, and he made huge strides in mathematics, botany, and other branches of natural science. But at the same time he drank, gambled, and indulged in other vices until he was expelled from the place. On Mr Allan's refusal to pay some of his gambling debts, he broke with him and went off at a tangent to the Greeks – those being the times of Bozzaris and the Greek Revolution. When he reached St Petersburg, however, he found both money and enthusiasm exhausted, and he got into a quarrel with the Russian authorities – whether about liberty or lucre is not known. At any rate he found himself nearly adding some knowledge of the knout and Siberia to his already extensive knowledge of men and manners, and was glad enough to accept the intervention of the American consul, Henry Middleton, and his aid to get home. In 1829, he entered the Military Academy at West Point. In the meantime Mr Allan had lost his first wife, and married a lady, his junior by a very great number of years – he being sixty-five. Mr Poe is said to have behaved uncivilly to the lady and to have ridiculed the match. The old gentleman wrote him an angry letter, and Mr Poe answered it with a very bitter one. The breach was never healed. Mr Allan died a short time afterwards, and left Poe nothing.

That is his account of the matter. The story of the other side is different; and if true throws a dark shade upon the quarrel and a very ugly light upon Poe's character. We shall not insert it, because it is one of those relations which we think with Sir Thomas Brown, should never be recorded, – being 'verities whose truth we fear and heartily wish there were no truth therein. * * * * Whose relations honest minds do deprecate. For of sins heteroclital, and such as want name or precedent, there is ofttimes a sin even in their history. We desire no record of enormities: sins should be accounted new. They omit of their monstrosity as they fall from their rarity; for men count it venial to err with their forefathers, and foolishly conceive they divide a sin in its society. * * * In things of this nature silence commendeth history: 'tis the veniable part of things lost; wherein there must never arise a Pancirollus, nor remain any register but that of hell.''

Mr Poe left West Point without graduating, and commenced his disastrous battle of life. In 1831, he printed a small volume of poems, which constituted his first brochure. They were favorably received by the reviewers, and well spoken of by their few readers. But they did not sell – at which we have never wondered. They contain but one good thing – the verses 'To Helen.' Of this piece Mr James Russell Lowell affectedly says, *'There is a smack of ambrosia about it'* – and in truth its graceful simplicity will compare with the best things in the Greek Anthology.

Helen, thy beauty is to me
  Like those Nicean barks of yore,
That gently, o'er a perfumed sea,
  The weary, way-worn wanderer bore
  To his own native shore.

On desperate seas long wont to roam,
  Thy hyacinth hair, thy classic face,
Thy Naiad airs have brought me home
  To the glory that was Greece
  And the grandeur that was Rome.

Lo! in yon brilliant window-niche
  How statue-like I see thee stand
The agate lamp within thy hand! –
  Ah! Psyche, from the regions which
  Are Holy Land!

He wrote for newspapers, compiled and translated for booksellers, made up brilliant articles for reviews, and spun tales for magazines. But although publishers willingly put them forth, they paid the young man so little, that in poverty and despair he got abundantly near enough to death's door to 'hear the hinges creak.' At last a newspaper in Baltimore offered two premiums – for the best poem and the best prose tale. A committee of distinguished litterateurs – John P. Kennedy at their head – was appointed to judge the productions. Of course they did not read them – the sanction of their names being all that was wanted by the publisher. But while chatting over the wine at the meeting, one of them was attracted by a bundle among the papers written in the most exquisitely beautiful caligraphy ever seen. – To the end of his life Poe wrote this surpassingly perfect hand. Mr Kennedy read a page solely on that account; and being impressed with the power of the style, he proceeded to read aloud. The committee voted the premium by acclamation 'to the first of geniuses that has written a legible hand.' The confidential envelope being broken, within it was found the then unknown name of Poe.

The publisher gave Mr Kennedy an account of the author, which induced him to see Mr Poe. He describes him at that day as a young man thin as a skeleton from evident starvation, dressed in a seedy frock coat, buttoned up to his chin to conceal the want of a shirt, with tattered trousers, and a pair of torn old boots, beneath which were evidently neither drawers nor socks. But his manners were those of a gentleman, and his eyes full of intelligence. Kennedy spoke in a friendly manner to him, and he opened his heart – told him all his story, his ambition and his great designs. Kennedy took him to a clothing store, gave him a good suit, and introduced him into society.

These were the days in which Thomas W. White was building up the Messenger. He got Mr Poe to edit it, giving him $500 per annum. On this income he immediately married himself to a girl without a cent. It is said that he was generally intemperate even then, but he certainly found time to write many great articles and brilliant criticisms for the Messenger. It was Poe who first gave the periodical its standing.

After conducting the Messenger a year and a half, he removed to Philadelphia, and edited the Gentleman's Magazine. This periodical was finally merged in Graham's Magazine. For this last he always continued to write, and to be well paid therefor. In 1840, he published his 'Tales of the Grotesque and Arabesque.' In 1844, we find him in New York editing the 'Broadway Journal.' In 1845, the well-known volumes of his collected tales and poems by Wiley & Putnam made their appearance. He continued to issue many things – which we shall notice more fully hereafter, until 1847. We then hear of his wife dying in a state of great destitution at a place called Fordham near New York. A subscription was gotten up to relieve him by the *litterateurs* of New York, and the requisite amount was easily raised. We next hear of him through the newspapers as again at death's door – but this time with delirium tremens. A bitter note through the same vehicles of intelligence in answer to the various inquiries made about him, announced his contempt for all who professed themselves his friends, and his general disgust with the world. But he seems to have suffered nothing farther from destitution, his literary labors bringing him enough. For the last two years he has been seen now and then about Richmond, generally in a state of intoxication very unbecoming to a man of genius. But during his last visit of nearly two months' duration, he was perfectly himself, neatly dressed, and exceedingly agreeable in his deportment. He delivered two lectures, during this visit to Richmond, which were worthy of his genius in its best moods.

These lectures are not to be found in this edition of his works, and have never been published. They were delivered in the Exchange Concert Room, and their subject was the 'Poetic Principle.' He treated this congenial theme with even more acuteness and discrimination than we had expected. His chief object was the refutation of what he very properly denominated the 'poetical heresy of modern times,' to wit: that poetry should have a purpose, an end to accomplish beyond that of ministering to our sense of the beautiful. We have in these days poets of humanity and poets of universal suffrage, poets whose mission it is to break down corn-laws and poets to build up workhouses. The idea infects half the criticism and all the poetry of this utilitarian country. But no idea can be more false. As we have elementary faculties in our minds, whose end is to reason, others to perceive colors and forms, and others to construct; and as logic, painting and mechanics are the products of those faculties and are adapted only to them; as we have nerves to be pleased with perfumes; others with gay colors, and others with the contact of soft bodies; – so have we an elementary faculty for perceiving beauty, with an end of its own and means of its own. Poetry is the product of this faculty and of no other; and it is addressed to the sense of the beautiful and to no other sense. It is ever injured when subjected to the criterion of other faculties, and was never intended to fulfil any other objects than those peculiar to the organ of the mind from which it received its birth. Mr Poe made good this distinction with a great deal of acuteness and in a very clear manner. He illustrated his general subject by various pieces of criticism upon the popular poets of this country, and by many long recitations of English verse. The critiques were for the most part just and were all entertaining.

But we were disappointed in his recitations. His voice was soft and distinct, but neither clear nor sonorous. He did not make rhyme effective; he read all verse like blank verse; yet he gave it a sing-song of his own, more monotonous than the most marked cadence of versification. On the two last syllables of every sentence he fell invariably the fifth of an octave. He did not make his own 'Raven' an effective piece of reading. At this we would not be surprised were any other than the author its reader. The chief charm perhaps of that extraordinary composition is the strange and subtle music of the versification. As in Mr Longfellow's rhythm, we can hear it with our mind's ear while we read it to ourselves, but no human organs are sufficiently delicate to weave it into articulate sounds. For this reason we are not surprised at ordinary failures in reading the piece. But we had anticipated some peculiar charm in its utterance by the lips of him who had created the verse, and in this case we were disappointed.

A large audience, we recollect, attended these lectures. Those who had not seen Edgar Poe since the days of his obscurity, came in crowds to behold their townsman then so famous. The treatment which he received thereafter seems to have pleased him much; – and he became anxious to make Richmond his permanent home. He joined the 'Sons of Temperance,' and it was universally reported that he was soon to be married in the city. The lady was a widow, possessed of wealth and beauty, and was an old flame, whom he declared to be the ideal and original of his Lenore. When we last saw him, he was just starting for New York, to publish a new collection of his tales. He had another errand. Some rich woman, named Mrs St Leon Loud, had written verses. Her husband wanted Poe to prepare them for the press, make a memoir, & c. He knew nothing about them save their good price, and he was going on for the job. Death cut him short at Baltimore.

Of the circumstances of that death it is painful to speak. Mr Poe was indisposed when he left Richmond – complained of chilliness and exhaustion. Still feeling badly when he reached Baltimore, he took a small quantity of spirits for relief. It was the first that had passed his lips for some months; but it was sufficient to rouse the passion which ruled him to his ruin. A day of wild debauchery brought on a fit of his old familiar, the delirium-tremens; and he was taken out of a gutter by the watchmen next morning in a state of stupor. Having no home, no friends, and no money, they conveyed him to the common hospital; and in its wards died the author of the Raven and of Eureka.

It was the identical Hospital in which John Loffland, the 'Milford Bard,' died the year before in the self same manner. Loffland was, in our opinion, a very common-place spinner of newspaper tales and namby-pamby verses – though he had a wider circle of admirers and sympathizers than even Mr Poe – for the simple reason, that there are more people in the world who can comprehend common-place than original and sterling genius, when first presented to them. But to those who are sufficiently acquainted with literature to estimate Mr Poe, what can be more melancholy, more heart-sinking, than this story and this end? We know nothing like it in literary history since Otway strangled himself with the roll thrown to him for charity, when in a state of starvation. We had thought that such was no longer the *possible* life and death of first-class minds. But this American has brought up into the nineteenth century the scenes and facts of another day and an older world. In him we have seen a practical exemplification of literary life in the Elizabethan Age – the era of those great dramatists, the Titans of the English tongue, who passed their lives between the theatre and the garret, the squalid cellar and the expensive tavern, between mad revelry and the most hideous want and starvation.

'Brave Marlowe, bathed in Thespian springs,'

who

'Had in him those bright translunary things
That the first poets had,'

was stabbed with his own dagger in a drunken brawl; and Edgar Allan Poe, who re-organized the Universe, and subverted the theory of a world's belief and a world's science, the true head of American literature – it is the verdict of other nations and after times that we speak here – died of drink, friendless and alone, in the common wards of a Baltimore Hospital. 'He has but passed the portals of his glory;' some enthusiast will answer, 'and the wondrous hall is proportioned by the grimness of its warder, the gleams of immortality are but equalized by the dark shadows that envelope them. His good is to come. The grief is

gone away, and the glory now begun.' Such is the answer which
nature, wisely and benevolently for the race, prompts to every
genius and to every great nature. It is well. Did such recollect
that fame, and that glory, are but the echo of a long lost name,
the shadow of an arrant naught, the flower that blossoms when
light there is no longer to see it, a rose stuck in a dead man's
breast, a dream, a joke scrawled on an epitaph, a word of praise
or blame – the chance equal; a grin at death's own laugh, the
quicksilver drop we may see, but touch never, – did we recollect
these undeniable and oft repeated aphorisms, the world would
be the loser of much that might profit the race, and of many a
name as valuable to it as rich jewels to a woman.

He left no near relative or connexion save a sister, who
resides in Richmond. His wife, as already mentioned, died
sometime before him, and they had no children. She was a Miss
Clemm, a cousin in some degree to her husband. We hope for
the honor of man, and we believe from all the rumors that we
have heard, that his treatment of this wife was kind throughout.
Certain it is that her mother was deeply attached to Poe, stuck
by him through all his miseries, and passionately regretted his
untimely fate. The connection between them did not cease with
the decease of the daughter; and her affection for him is the best
thing that we know of Edgar Poe. He who inspired such attachment, could not be wholly lost himself. The sole redeeming trait
in the editorial department of these newly published volumes,
is the passage in Mr Willis's three pages which details it:

'Our first knowledge of Mr Poe's removal to this city, was by a call
which we received from a lady who introduced herself to us as the
mother of his wife. She was in search of employment for him, and she
excused her errand by mentioning that he was ill, that her daughter was
a confirmed invalid, and that their circumstances were such as compelled her taking it upon herself. The countenance of this lady, made
beautiful and saintly with an evidently complete giving up of her life
to privation and sorrowful tenderness, her gentle and mournful voice
urging its plea, her long-forgotten but habitually and unconsciously
refined manners, and her appealing and yet appreciative mention of the
claims and abilities of her son, disclosed at once the presence of one
of those angels upon earth that women in adversity can be. It was a hard
fate that she was watching over. Mr Poe wrote with fastidious difficulty, and in a style too much above the popular level to be well paid.
He was always in pecuniary difficulty, and, with his sick wife, fre-

quently in want of the merest necessaries of life. Winter after winter, for years, the most touching sight to us, in this whole city, has been that tireless minister to genius, thinly and insufficiently clad, going from office to office with a poem, or an article on some literary subject, to sell – sometimes simply pleading in a broken voice that he was ill, and begging for him – mentioning nothing but that 'he was ill,' whatever might be the reason for his writing nothing – and never, amid all her tears and recitals of distress, suffering one syllable to escape her lips that could convey a doubt of him, or a complaint, or a lessening of pride in his genius and good intentions. Her daughter died, a year and a half since, but she did not desert him. She continued his ministering angel – living with him – caring for him – guarding him against exposure, and, when he was carried away by temptation, amid grief and the loneliness of feelings unreplied to, and awoke from his self-abandonment prostrate in destitution and suffering, *begging* for him still. If woman's devotion, born with a first love, and fed with human passion, hallow its object, as it is allowed to do, what does not a devotion like this – pure, disinterested and holy as the watch of an invisible spirit – say for him who inspired it?

We have a letter before us, written by this lady, Mrs Clemm, on the morning in which she heard of the death of this object of her untiring care. It is merely a request that we would call upon her, but we will copy a few of its words – sacred as its privacy is – to warrant the truth of the picture we have drawn above, and add force to the appeal we wish to make for her: –

' "I have this morning heard of the death of my darling Eddie ... Can you give me any circumstances or particulars ... Oh! do not desert your poor friend in this bitter affliction ... Ask Mr — to come as I must deliver a message to him from my poor Eddie ... I need not ask you to notice his death and to speak well of him. I know you will. But say what an affectionate son he was to me, his poor desolate mother." '...

It is now purposed to throw together certain detached fragments of information relative to Mr Poe's personal habits and history, some remarks on his genius and writings, and also to delineate, in some degree, the traits of his *morale*. Before sitting down to the task, the writer has reflected, with some perplexity, upon the proper tone and colour to give it. Mr Poe's life contained many blemishes: – the foregoing narrative has fully informed the reader of that. These blemishes, we are compelled to say, were the results of character rather than of circumstance; and in aught that pretends to be a picture of the man, some dark shades are indispensable. Yet it appears hard and unfeeling in the extreme to speak aught that is ill of the newly dead. *De mortuis nil nisi bonum* is the sentiment universal, in every rightly constituted mind and heart; and the writer is not an advocate for the stoical emendation of *nil nisi verum*. The considerations which have determined him to write this article without reserve, are a recollection of the long notoriety of the worst to all who possess the slightest knowledge of Mr Poe either by personal intercourse or by report, – and the absolute necessity of mentioning them to give a distinct conception of this most brilliant and original individual. It is hoped, therefore, that no one will attribute the evil points of character brought forward in any part of this article to a carelessness of the memory of the dead, or to sinister sentiment towards his living connections.

In person Mr Edgar Poe was rather below middle height, slenderly but compactly built. His hands and feet were moderately large, and strongly shaped, as were all his joints. Before his constitution was broken by dissipation and consequent ill health, he had been capable of great feats of strength and endurance. He once swam from the Rocketts wharf of this city seven miles in the James River, and walked back through a burning summer day, for a wager, and without any consequent ill effects. Countenance, person, gait, everything about him, when he was sober, distinguished Mr Poe as a man of mark. His features were not large, were rather regular, and decidedly handsome. His complexion was clear and dark – when the writer knew him. The general expression of his face beyond its ordinary abstraction was not pleasant. It was neither insolent, rude, nor angry. But is was decidedly disagreeable, nevertheless. The color of his fine eyes generally seemed to be dark grey; but on closer examination, they appeared in that neutral violet tint, which is so difficult to define. His forehead was, without exception, the finest in its proportions and expression that we have ever seen. It did not strike one as being uncommonly large or high, but seemed to bulge forth with the protuberance of the reflective and constructive organs. The perceptive regions were not deficient, but seemed pressed out of the way by the growth and superiority of causality, comparison and construction. Close to them rose the arches of ideality, the dome where beauty sat weaving her garlands. Yet the head, as a whole, was decidedly a bad one. When looked at in front, the bold and expressive frontal development took up the attention, and the beholder did not observe the want of cranium above. A profile view showed its deficiencies in a very strong light. There was an immense mass of brain in front and in rear, with little or none above or between these two masses. Or to speak more succinctly, the basilar region possessed immense power, both intellectual and animal; the coronal region was very deficient. It contained little moral sense and less reverence. This was one key to many of his literary characteristics. With more reverence, conjoined with the other traits of craniology, Mr Poe would have been a mocker and a sneerer. Such was the head of Voltaire, whose organ of reverence equalled that of Wesley or Howard, – but which only served as a guide to his mirthfulness and combativeness, in consequence of the still greater predominance of his animal organs. But Mr Poe wanted the perception of reverential things to give them sufficient importance to be mocked. The same fact accounts for an absence of that morbid remorse and sense of duty unfulfilled which marks so distinctly all the writings of Byron, and of most modern authors of distinction. In Poe's writings there is despair, hopelessness; and the echoes of a melancholy extremely touching to those who read with a remembrance of his broken life; but nowhere in them does 'conscience roused, sit boldly on her throne.' The ideas of right and wrong are as feeble in his chains of thought as in the literature of Ancient Greece.

But we anticipate our subject. Mr Poe's hair was dark, and when we knew him, seemed to be slightly sprinkled with grey. He wore a heavy and ill-trimmed moustache. He dressed uniformly in good taste, simple and careless, the attire of a gentleman. His manners were excellent, unembarrassed, polite, and marked with an easy repose. His conversation was the very best we have ever listened to. We have never heard any other so suggestive of thought, or any from which one gained so much. On literary subjects, books, authors, and literary life, it was as superior to all else that we have heard or read, even the best, as the diamond is to other jewels. It cut into the very *gist* of the matter. It was the essence of correct and profound criticism divested of all formal pedantries and introductory ideas – the kernel clear of the shell. He was not a 'brilliant talker,' in the common after-dinner sense of the term, – was not a maker

up of fine points or a sayer of funny things. What he said was
prompted entirely by the moment, and seemed uttered for the
pleasure of uttering it. But when he became well roused, when
his thought was well worked up, and the juice all over it, he
would *say more*, send out more pithy ideas, driving straight and
keen as arrows to their mark, than any man we ever heard
speak. He was very fond of talking, and not at all exclusive in
his audiences. Whether his hearers understood his acute
abstractions or appreciated the glorious conceptions that per-
petually flashed and sparkled across his mental sky, was no care
of his. He would sit himself down in a tavern porch beside any
dirty dunce, and unfold to him the great designs of that most
wonderful book, EUREKA, with the same abstracted earnest-
ness as if it was an amanuensis to whom he was dictating for the
press, or a Kepler, or a Bacon – who alone, beside himself,
could have written it. This carelessness of companionship constituted a trait of his character. If any man ever was perfectly
emancipated from all trammels of society, cared not ten straws
what was thought of him by the passer, cared not whether he
was admitted freely into upper-tendom, or denied access to
respectable grog-shops, it was this singular and extraordinary
man. And this want of all conception and perception of the
claims of civilized society, and the inevitable penalties which
attend violations of its laws – for there *are* penalties which
attend violations of the laws of human society, (which are none
other than the laws of nature) as *necessarily* as those attending
violations of the laws of the physical elements – was one of the
causes which rendered Mr Poe's life so unfortunate. Few men
of literary powers so marked, of genius so indubitable as his,
could fail of living at least tolerably well in the nineteenth century, – if they conducted themselves at all in accordance with
the behests of society. As we shall presently show, true genius
does not now receive its meed of *fame* from its generation nor
ever will; but it can now make books that will sell, and it will
keep its owner above want if he chooses to use it with ordinary
discretion. *Talent* is still better than genius in such matters; but
genius of such force, we repeat, always obtains a competency,
if nothing intervenes. That which intervened between Mr Poe's
genius and competency, was Mr Poe himself. His changeable
humors, his irregularities, his caprices, his total disregard of
everything and body, save the fancy in his head, prevented him
from doing well in the world. The evils and sufferings that

poverty brought upon him, soured his nature, and deprived him of faith in human beings. This was evident to the eye – he believed in nobody, and cared for nobody. Such a mental condition of course drove away all those who would otherwise have stood by him in his hours of trial. He became, and was, an Ishmaelite. His place of abode was as uncertain and unfixed as the Bedouins. He was equally well known in New York, Philadelphia, Boston, Baltimore and Richmond.

His habits of intoxication were another reason for his want of success in life. From all that we can learn he fell into them early in life, and they caused his death. Thousands have seen him drunk in the streets of this city. In all his visits save the last, he was in a state approaching mania. Whenever he tasted alchohol he seldom stopt drinking it so long as he was able. He did drink most barbarously. Most men, even the most inveterate, make their bad habit a source of pleasure – luxury – voluptuousness, a means of excitement or a gratification of the palate. Such was not the case with Edgar Poe. His taste for drink was a simple disease – no source of pleasure nor of excitement. When once the poison had passed his lips, he would go at once to a bar and drink off glass after glass as fast as its tutelar genius could mix them, until his faculties were utterly swallowed up. His long fits of intoxication, and the consequent ill health and listlessness, of course diminished the quantity of Mr Poe's intellectual products, and interfered with their perfection. But wonderful as it may seem, we do not believe that the force of his intellect was at all impaired thereby. He was a greater man at the time of his death than he had ever been before. His greatest work is his last. It is somewhat singular that this and several other of his best works either immediately preceded or succeeded long and fearful fits of his unhappy disease. He came to this city immediately after the appearance of Eureka, and plunged into the very depth of his woe. And we learn through an eye witness, that on the morning the 'Raven' saw the light in the pages of the 'Whig Review,' when all New York was just agog about it, when the name of Poe was in every mouth, he saw him pass down Broadway in such a state that he reeled from side to side of the pavement at every yard he advanced.

We pass to the writings of Mr Poe, the portion of our subject we are much more willing to contemplate. About them there is no doubt. The true gold rings in that coin. Many things that he has written are children of hunger and haste; much more is marked with the flatness and inanity which makes up nine days in ten of a dissipated life. His multifarious outpourings, as collected in the mass before us, are unequal and uneven, gothic and grotesque; but of great weight as a whole and of inestimable value in parts.

This we are convinced is the opinion of every one who possesses sufficient originality of mental conformation, or of research into the powers of expression and the fields of imagination, to constitute him a judge of an author entirely new, and of fruit entirely distinct from all ordinary species. The writer is well aware that the multitude of well-educated readers, and the multitude also of gentlemen who 'write with ease,' will set down his sentence as extravagant and untenable in the extreme. Edgar Poe has not yet reached his proper seat in the temple of fame – nor will for many a long year. These writings are too new and too great to be taken at once into the popular mind. The temporary success of TALENT and GENIUS, is the same alike in the achievements of reason and of imagination – though the vulgar error would confine the rule to the first. For the fact is well known and sufficiently admitted, melancholy though it be, that nearly all those who have blessed mankind with great discoveries have lived and died miserably. The men who have that degree of mind which we denominate *talent*, who make a good use of the store of knowledge already in the world, and who carry the discoveries which others have made but a short distance forward, (not so far as to be out of sight of the age in which they live) are treated with honor by the world. Such men the world can understand and estimate. But those who are *cursed* with that high and peculiar intellect, that strange thing called *genius*, that power of seizing on great truths – or images – or expressions, which lie beyond the ken of all but themselves – in short, the men who go ahead of their age – are invariably either treated with neglect and stupid scorn, by the mob of common-place respectabilities who compose the enlightened public – or they are stoned and trampled under foot. These men speak to us of things which they cannot comprehend – things which are to be seen only in THE FUTURE, that strange world which the curtain of time yet hides from our dull and horny eyes. Capt. Cooke says that when he came to Nootka Sound, the naked savages he found there split their sides with laughter at the sight of his ships with their great white sails, tall masts and innumerable ropes, *because they were so different from their canoes of bark*. So it is with the mass of mankind. We cannot understand the strange notions, the inconceivable ideas, told to us by the men who have leaped the bar which three centuries place between us and the world to come: therefore we 'utter our barbarian cackle.' According to our temper, we pass with a smile, and leave the man to poverty and neglect, or we get angry and rail at him for a fool and pestilent disturber of peace and quiet. When this huge globe has thundered on its path some hundreds of years further, we begin to reap the benefit of their great ideas and their grand discoveries, and to understand the magnificent creations of their imagination. We then look back to their lives with melancholy admiration and pity, and pour out to their empty names the affection and honor which would have soothed the fevered brain and broken heart, long since mouldered into dust. And say, if we had been in the days of our fathers, we would not have done thus and so. But we would, and we are now doing the same things to all such, only in a more civilized method. And, from the nature of things, thus it must ever be; for, as we have said, although the world will always estimate *talent*, it cannot at first judge correctly of *genius*. Therefore, the age must ever know little of its truly great men, and thus must we ever 'build the tombs of the prophets whom our fathers have slain.'

The rule holds as rigidly in the realm of poetry and imagination as in the realm of scientific discovery. When Beethoven's Quartettes were brought over to the Philharmonic Society of London, the greatest pianist of the day threw them off his desk as rubbish, trash, unintelligible and useless. The neat poets and the Addisonian essayists have ever fared well; but Homer begged his bread, Dante died in exile, Tasso in jail, Milton sold his Paradise Lost for ten pounds, and Shakspeare's plays were so forgotten in the time of Pope, that in publishing a new edition he was forced to distinguish what he was pleased to denominate the good passages, by quotation marks at the beginning lines. The name of Poe does not at this moment rank with that of either N.P. Willis, James Russell Lowell, or Rufus Griswold. The matter which fills the two volumes before us, may be properly estimated by one person in two hundred who examine it; but the large majority will lay it down with utter contempt – perfectly unconscious of its merits and its beauties. The populace must have these things interpreted to them by time and imitators before they can understand or appreciate.

What we have here is *new*. It is not old wine in new bottles only; it is not glossy broadcloth from old cassinet, nor is it bread pudding from the scraps of yesterday. It is seldom that one hears any new music. Each village music master picks a favorite movement from Mozart or Rossini, and dishes it up in the milk and water of his own 'variations.' Rarely do we hear a new theme. But this author's theme, movement, all are new – in his prose at least. Those notes have not been struck before. That is the *modus operandi* of the principle we have established – that is the immediate and acting cause why his place as an author was not and has not yet been awarded him by the people. When a new musical composition is for the first time listened to by the unpractised ear, it seems a strange jumble. But when frequently heard, its design by degrees dawns upon the mind of the hearer, its harmonious coloring becomes visible, its glorious fancies gleam slowly out like stars. It is just thus with an entirely new composition in literature. When the world's ear becomes sufficiently accustomed to the strain, it will perceive that it is good as well as new, and it gives the author to whom it was indifferent in the days of its ignorance, an estimation proportioned to that indifference. It then ranks him in comparison with the mere men of *talent*, who were admired at the first, just as we rank the *demiurgos*, the creator of a Venus, or a Greek slave, with the mechanic who cut the marble into shape; as we rank the producer with the manufacturer, the navigator with the bold discoverer, the honored and flattered Americus Vespucci with the Columbus brought home in chains. While the people of this day run after such authors as Prescott and Willis, speak with reverence of the Channings and Adamses and Irvings, their children in referring back to our time in literary history, will say, 'this was the time of Poe.'

If called upon to name the trait which distinguishes this writer from other writers of equal genius, we should say it was the metaphysical nature of all his productions and of every line of them. He is emphatically an 'ideologist' – his creations and his expressions are essentially abstractions. Edgar Poe had travelled much, – seen cities, climes, governments – known great numbers of distinguished and remarkable people; but they never appeared in his conversations or in his writings. His conversation contained no allusions to incidents, no descriptions of places, no anecdotes. In his animated moods he threw off brilliant paradoxes: and if he talked of individuals, his ideas ran upon their moral and intellectual qualities, – never upon the idiosyncracies of their active visible phenomena, or the peculiarities of their manner. His writings contain no descriptions – or next to none – of real life or landscape. When he sketches natural scenery, the trees, the rocks, the waters, the walls are phantasms, – it is from distorted, thin, strange and morbid sick-dreams of trees, rocks, waters, and walls, that he draws. Take the fall of the House of Usher for instance – examine the natural scenery in that tale for an illustration of what we have been saying. In short, Edgar Poe is a painter of ideas, not of men and things. He held precisely the same relations to Dickens, Thackeray, and the like, that the mad artist Blake, to whom the apparition of William Wallace and the ghost of a flea [*vide, Cunningham's British Painters and Sculptors, art. Blake,*] were wont to sit for portraits, – held to Hogarth and Reynolds.

This is the distinctive element of these volumes. It is not merely the distinctive element, but also the essential element of every thing in them. The ideas are ideas *par excellence*. There is not the faintest odor of flesh and blood about them – no earthly smell. They have all the same thin, immaterial and intangible outline. They have no more atmosphere about them than the cliffs and peaks of the moon. No earthly thing can live there. The things called men and women who inhabit the tales of Poe, are no more like the beings of our world, than the strange and colorless creatures we can imagine as the denizens of the sun, passing and repassing in rays of light, homogeneous with the elements themselves, pre-existent to, and superior to organization and to the laws of existence as we know them.

This elementary quality infects every faculty of his mind – his idealty – his hate – his love – his taste. Look at its manifestations in his wit. The writings before us are not by any means destitute of those qualities in their abstract constitution. On the contrary, parts of Eureka, and very many of the tales exhibit them, and the disposition to indulge them in the greatest strength. But the humour never makes us laugh, and the wit never pleases while it surprises us by its scintillations. Both faculties depend for means of manifestation upon human beings as they appear to the eye, and can never be successful when separated from those phenomena. Edgar Poe's wit and humour, in consequence of his superlatively metaphysical nature, becomes the pure *grotesque*. Passages which would be witty and humourous in the hands of an earthly man – of a real human being – upon his pages resemble only fantastic aperies, – the grimaces of some unknown species of goblin monkey, twistings and quaint gesticulations which we cannot understand at all. It is too far removed from fleshly sympathies to excite the nerves of laughter – or the odd surprise and smiling titilations which follow the natural exercises of wit.

From the writers of our new and unfinished country, the works of Poe, that is, the good things among them – are distinguished by another remarkable quality: – their finish of style. This superior finish consists not merely in that clear perfection of arrangement which comes naturally with the best thoughts and good hours of a first rate mind; but also in the charms of a mastery in the art of writing greater than those possessed by any other American author. Mr Poe was a learned man. In spite of his irregular life, he managed to master both literature and science to an extent reaching far beyond any American we have known. He had, without doubt, gotten possession of many critical tools and springs not commonly in use. At one time in his life – we are unable to fix the period – Mr Poe is said to have lived in London. How he got the means and how he lived while there, no one knows. Little relative thereto, could be got out of him, save that he saw nothing of the great world in any sense of the word. He had been heard to mention Hunt and Hook as two of those whom he knew there; and it is supposed that he lived very much with that class of men – the men like himself, possessed of genius but down in the world, dragging out a precarious existence in garrets, doing drudge-work, writing for the great presses and for the reviews whose world wide celebrity has been the fruit of such men's labours. From these he is thought by some to have learned much relative to the literary profession, comparatively unknown in this new country. Here too he may have gained acquaintance with many fields of learning, which are *terra incognita* to American students, for want of the books and machinery to explore them. But be this as it may, it is certain that in his compositions may be observed things that are far in advance of the profession on this side of the water.

We shall now proceed to remark upon the matter of these volumes in particular. Mr James Russell Lowell thinks that as a critic Edgar Poe was 'aesthetically deficient.' Very like, – for Poe was incapable of appreciating Mr James Russell Lowell and his

set. But as a critic we prefer what remains of Edgar Poe to anything after Hazlitt. In his paragraphs are no inanities, no vague
generalities, no timorous and half-way work. His points are ever
concrete and tangible. When he gave chase to an absurdity, he
ran it into the earth. When he sets up a principle for a critical
law, he demonstrates it with such clearness that you can all but
see it. The reader must not estimate his critical writings by the
specimens given in these volumes. For some reason or other,
the editors have republished only the very dull stuff he had been
putting forth for bread in the magazines of the last few years,
under the headings of 'Marginalia,' &c. All that is poor enough.
But while he conducted the Southern Literary Messenger, he
poured forth quantities of critical writing that was really '*great.*'
The volumes of this periodical, which were published under his
management, are worth an examination even at this late day. It
was this writing which established the Messenger and gave it an
early celebrity. Newspapers of the times denounced it hugely;
so did all the small authors about New York and Philadelphia;
and all the *minimee pinimee* people every where joined in the
cry. The burden of that cry was 'wholesale denunciation,'
'abuse,' &c., &c. He did lay on with the most merciless severity, crucifying many. But he did not condemn one whit too
much. The objectors should recollect this great truth: As there
are great many more bad than good people in this world, just
so are there many more bad than good books in the world. We
go not too far – no, not half far enough – in saying that for every
one good book one hundred volumes which are utterly worth-
less are published. This is a fact. From the imperfection of
human things it is so. The reviewer who pretends to treat the
literature of his age with justice, must needs condemn a hundred
times as much he praises. The contrary is the characteristic of
American reviewing at present. The press deluges every thing
with *eau sucrée*. Mr Poe dealt out nothing but justice to the
dunces. He flayed them alive. He was in those days like one possessed of a divine fury; tore right and left with an envenomed
tooth; like some savage boar, broken into a hot-house of pale
exotics, he laid about him with white foaming tusks, uprooting
all. His writing then attracted universal attention. At the same
time it made him an immense number of enemies among literary
men. This was a cause why his merit was never acknowledged,
even by his own profession in this country. He was not recognized by the popular mind, because it did not comprehend him.

He was not recognized by the writers, because they hated him of old.

As a poet, we must contemplate in this author an unfinished column. He wanted money too often and too much to develop his wonderful imagination in verse. There is but one poem in which he succeeded in uttering himself; but on its dusky wings he will sail securely over the gulf of oblivion to the eternal shore beyond.

There is still such a difference of opinion in relation to this unique production, that it is entitled to a separate notice at our hands. With the learned in imaginative literature, the Raven has taken rank over the whole world, as the very first poem manufactured upon the American continent. In their eyes, but one other work of the western world can be placed near it: – that is the Humble Bee of Ralph Waldo Emerson. This last is admitted to be the superior of the Raven in construction and perfect elaboration; the latter possesses a greater merit as a work of *pure art*. But while the Raven maintains this exalted position upon the scale of all the class that possesses a taste sufficiently cultivated to be catholic, there is yet a large majority of those denominated 'well educated people' who make it a matter of special denunciation and ridicule. Those who have formed their taste in the Pope and Dryden school, whose earliest poetical acquaintance is Milton, and whose latest Hammond and Cowper – with a small sprinkling of Moore and Byron – cannot relish a poet tinged so deeply with the dyes of the nineteenth century. The 'Raven' makes an impression on them which they are not able to explain – but that irritates them. Criticism and explanation are useless with such. Criticism cannot reason people into an attachment. In spite of our pleas, such will talk of the gaudiness of Keats, and the craziness of Shelley, until they see deep enough into their claims to forget or be ashamed to talk so. This class angrily pronounce the Raven flat nonsense. Another class are disgusted therewith because they can see no purpose, no allegory, no 'meaning;' as they express it, in the poem. These people – and they constitute the majority of our practical race – are possessed of a false theory. They hold that every poem and poet should have some moral notion or other, which it is his 'mission' to expound. That theory is all false. To build theories, principles, religions, &c., is the business of the argumentative, not of the poetic faculty. The business of poetry is to minister to the sense of the beautiful in human minds. That sense is a simple element in our nature – simple, not compound; and therefore the art which ministers to it may safely be said to have an ultimate end in so ministering. This the 'Raven' does in an eminent degree. It has no allegory in it, no purpose – or a very slight one – but it is a 'thing of beauty,' and will be a 'joy forever,' for that and no further reason. The last stanza is an image of settled despair and despondency, which throws a gleam of meaning and allegory over the entire poem – making it all a personification of that passion – but that stanza is evidently an after thought, and unconnected with the original poem.

The 'Raven' itself, is a simple narrative of simple events. A bird which had been taught to speak by some former master, is lost in a stormy night, is attracted by the light of a student's window, flies to it and flutters against it. Then against the door. The student fancies it a visitor; opens the door; and the chance word uttered by the bird suggests to him memories and fancies connected with his own situation and his dead sweetheart or wife. Such is the poem. The last stanza is an accident and an after thought; and the worth of the Raven is not in any 'moral,' nor is its charm in the construction of its story. Its great and wonderful merits consist in the strange, beautiful and fantastic imagery and colors with which the simple subject is clothed – the grave and supernatural tone with which it rolls on the ear, – the extraordinary vividness of the word painting, – and the powerful, but altogether indefinable appeal which is made throughout to the organs of ideality and marvellousness. Added to these is a versification indescribably sweet and wonderfully difficult – winding and convoluted about like the mazes of some complicated overture by Beethoven. To all who have a strong perception of tune, there is a music in it which haunts the ear long after reading. These are great merits. They render the Raven, in the writer's esteem, a gem of art. It is engraved with the image of true genius – and of genius in its happiest hour. It is one of those things an author never does but once.

This author has left very little poetry that is good; but that little contains traces of merits transcendent – though undeveloped. Most of his collected pieces were written in early youth. They are not above the usual verse of newspapers. He retained them along with the Raven, Lenore, and his two or three other jewels, only because of the attachment of early association. Just before his death, he wrote some things worthy

of the Raven and of Ulalume. The chief of these is the poem of
'The Bells,' first published in Sartain's Magazine. The design
of the verse is to imitate the sound of bells; and it is executed
with a beauty, melody, and fidelity, which is unsurpassed
among compositions of its nature. Southey's famous account of
'How the waters come down at Lodore,' is not for a moment
comparable to it – either in the perfection of imitation, or poetical imagery. No man ever owned the English language more
completely than Edgar Poe. In all its winding bouts, in all its
delicate shades and powerful tones, from the most voluptuous
sensualities of Moore, and from the oddest combinations of
Charles Dickens's lingo, up to the full organ notes of Milton, he
was master of it. His poems contain evidence that any thing that
could be done with English he could do. The following lines are
well known in literary history as an example of the convertibility
of the French language:

'Quand une cordier, cordant, vent corder une corde
Pour sa corde, trois cordons il accorde;
Mais si des cordons de la corde descorde
La corde descordant fait descorder la corde.'

Dr Wallis, [the mathematician, – the universal-language
man,] translated these lines so literally as to take away the
Frenchman's triumph and boast over the superior convertibility
of his tongue: –

'When a twister a-twisting will twist him a twist,
   For the twisting his twist he three times doth entwist:
But if one of the twists of the twist doth untwist,
   The twine that untwisteth untwisteth the twist.'

Among the writings of Poe may be found many examples of
the convertibility of the English language superior to either of
these. The Bell-ringing verses before alluded to are eminently
such. We do not quote them, because it is but lately that we laid
them before the reader. The Raven is familiar to every one as
the most wonderful and beautiful example which the world
affords of the complicated power of words, and of the more solemn and elevated music of verse.

A very remarkable quality in these poems is one which can
scarcely be defined better, than as the *'epicureanism'* of lan-

guage. It is a delicate and most extraordinary style, which is the peculiar property of our author. 'Ulalume' and 'Annabel Lee' – the last thing he ever wrote – are good illustrations of this quality. There is another poem in this collection, which is a most perfect specimen, but which has not been properly appreciated by the world – it is the fragment entitled 'Dreamland.' That poem is a fanciful picture of the phantasmagoria of dreams, of the broken and fantastic images which swim before the half-closed eye of mind, when the senses and the judgment are enveloped in sleep. We wish we had room for its insertion here.

As a tale writer, the name of Edgar Poe is best known. The collection published by Wiley & Putnam has been exceedingly popular. But the things which are most remarkable and peculiar to the author, his real wonders, are not those that have attracted attention to that volume. It is not the Maelstrom, the House of Usher, or Eros and Charmion, that are best known in it, but the Gold Bug, La Rue Morgue, and the Purloined Letter. The extraordinary specimens of analysis in these have caused the book's sale. The collection was made up by a gentleman of a decided analytic turn. He selected those among Poe's pieces which contained most exhibitions of his analytic power. This, although not the most peculiar and most original of Mr Poe's powers, was one of the most remarkable. He possessed a capacity for creating trains of thought astonishingly – painfully acute. A memorable example of it is to be found in the volume referred to, [121–124,] where the method by which the mind can pursue the association of ideas, is exhibited with wonderful metaphysical accuracy and clearness. Mr Poe himself did not think half so much of this collection as he did of his *'Tales of the Grotesque and Arabesque;'* but in his estimate of these we cannot side with him. We agree to the popular verdict upon them. A criticism their author once made to us upon the German Fantastic Literature of which Hoffman was Corypheus, may justly be applied to them – 'the gold in that hard ore is not worth the digging for it.' They are too goblin-like, too entirely unnatural, to be relished by anybody but their author. The great defect of Poe, as an author, was his want of sympathy with, and indeed of likeness to, the human kind. He could not paint men well because he did not understand them; and he did not understand them because he was not at all like them. All his peculiar compositions were marked with that galvanic and unnatural character which marks the movements of Shelley's mind.

He was certainly incapable of producing a novel presenting human life and character in any of its ordinary phases; but his chief fictitious work, the *Narrative of Arthur Gordon Pym,* has been unjustly disparaged and neglected. That narrative is a history of some sailors, who were becalmed on a wreck in the South Pacific until they were obliged to eat one another. Among those terrible scenes, and in strange descriptions of undiscovered islands and unknown savages, the temper and genius of this author revel undisturbed. The execution of the work is exceedingly plain and careless – perhaps it is purposely so, as it purports to be the log-book of a common sailor. But the concluding pages we take to be one of the most remarkable and characteristic passages in all his writings.

This book has been long out of print; and the publishers of this 'new edition of Poe's Works' have omitted it from their collection. We shall therefore present the reader with an extract. The vessel has become unmanageable, and the provision and water having long ago given out, the sailors are reduced to cannibalism. While in this condition a brig approaches:

'No person was seen on her decks until she arrived within about a quarter of a mile of us. We then saw three seamen, whom by their dress we took to be Hollanders. Two of these were lying on some old sails near the forecastle, and the third, who appeared to be looking at us with great curiosity, was leaning over the starboad bow near the bowsprit. This last was a stout and tall man, with a very dark skin. He seemed by his manner to be encouraging us to have patience, nodding to us in a cheerful although rather odd way, and smiling constantly so as to display a set of the most brilliantly white teeth. As his vessel drew nearer, we saw a red flannel cap which he had on fall from his head into the water; but of this he took little or no notice, continuing his odd smiles and gesticulations. I relate these things and circumstances minutely, and I relate them, it must be understood, precisely as they *appeared* to us.

The brig came on slowly, and now more steadily than before, and – I cannot speak calmly of this event – our hearts leaped up wildly within us, and we poured out our whole souls in shouts and thanksgiving to God for the complete, unexpected, and glorious deliverance that was so palpably at hand. Of a sudden, and all at once, there came wafted over the ocean from the strange vessel (which was now close upon us) a smell, a stench, such as the whole world has no name for – no conception of – hellish – utterly suffocating – insufferable, inconceivable. I gasped for breath, and turning to my companions, perceived that they were paler than marble. But we had now no time left for question or surmise – the brig was within fifty feet of us, and it seemed to be her intention to run under our counter, that we might board her without her putting out a boat. We rushed aft, when, suddenly, a wide yaw threw her off full five or six points from the course she had been running, and, as she passed under our stern at the distance of about twenty feet, we had a full view of her decks. Shall I ever forget the triple horror of that spectacle? Twenty-five or thirty human bodies, among whom were several females, lay scattered about between the counter and the galley, in the last and most loathsome state of putrefaction! We plainly saw that not a soul lived in that ill-fated vessel! Yet we could not help shouting to the dead for help! Yes, long and loudly did we beg, in the agony of the moment, that those silent and disgusting images would stay for us, would not abandon us to become like them, would receive us among their goodly company! We were raving with horror and despair – thoroughly mad through the anguish of our grievous disappointment.

'As our first loud yell of terror broke forth, it was replied to by something, from near the bowsprit of the stranger, so closely resembling the scream of a human voice, that the nicest ear might have been startled and deceived. At this instant another sudden yaw brought the region of the forecastle for a moment into view, and we beheld at once the origin of the sound. We saw the tall stout figure still leaning on the bulwark, and still nodding his head to and fro, but his face was now turned from us so that we could not behold it. His arms were extended over the rail, and the palms of his hands fell outward. His knees were lodged upon a stout rope, tightly stretched, and reaching from the heel of the bowsprit to a cathead. On his back, from which a portion of the shirt had been torn, leaving it bare, there sat a huge seagull, busily gorging itself with the horrible flesh, its bill and talons deep buried, and its white plumage spattered all over with blood. As the brig moved further round so as to bring us close in view, the bird, with much apparent difficulty, drew out its crimsoned head, and, after eyeing us for a moment as if stupified, arose lazily from the body on which it had been feasting, and, flying directly above our deck, hovered there awhile with a portion of clotted and liver-like substance in its beak. The horrid morsel dropped at length with a sullen splash immediately at the feet of Parker. May God forgive me, but now, for the first time, there flashed through my mind a thought, a thought which I will not mention, and I felt myself making a step towards the ensanguined spot. I looked upward, and the eyes of Augustus met my own with a degree of intense and eager meaning which immediately brought me to my senses. I sprang forward quickly, and with a deep shudder, threw the frightful thing into the sea.

The body from which it had been taken, resting as it did upon the rope, had been easily swayed to and fro by the exertions of the carniverous bird, and it was this motion which had at first impressed us with the belief of its being alive. As the gull relieved it of its weight, it swung round and fell partially over, so that the face was fully discovered. Never, surely, was any object so full of awe! The eyes were gone, and the whole flesh around the mouth, leaving the teeth utterly naked. This, then, was the smile which had cheered us on to hope! this the – but I forbear. The brig, as I have already told, passed under our stern, and made its way slowly but steadily to leeward. With her and with her terrible crew went all our gay visions of deliverance and joy.'

We find ourselves in an awkward position. Our theme has seduced us from our limits. We have traversed the wilderness of this man's writings only to find that the span of magazine existence will never suffice to reach our goal and his Canaan. 'EUREKA,' that divine work, the Parthenon of pure reason, we may not enter in this article. We have reviewed the long lines of columns of marble and jasper, arabesque and antic, which form its propylon, and stand upon its terrace, but we can only point the reader to its portal and leave him to explore it alone. Eureka is an attempt to develope the process and demonstrate the law by which the universe assumed its visible phenomena and present organization; and to demonstrate further, how this same law, or principle, and process, must evidently reduce all things to the vague, imperceptible, immaterial chaos of pure matter or spirit from which it arose. The theme is manifestly one which possesses little bearing on the world we live in, and is of little practical importance in the present state of human knowledge. The author leads us to the extreme boundary of reason's horizon. His *dramatis personae* are ideas and shapes, which have never yet walked the halls of experimental science. The senses furnish no data on which to erect the edifice; and the senses furnish no test of its finished solidity. The materials are dug from the mines of the exact sciences. But if there be certainty in mathematics, or reliability on mathematical reasoning, or on the logical concatenation of self-evident ideas, this book and its conclusions are true. It is a globule of crystalline clearness, *teres ac rotundus*. Few have read it. The plan of the work is one which, in him who would thread its labyrinth, requires an extensive knowledge of the entire cycle of material and metaphysical knowledge, and those who possess such knowledge are too much occupied with the tangible results of diurnal experiment, to walk with a companion so strange and wild in these regions, the most solitary and remote of the intellectual realm. It was thus with Kepler; and Copernicus, dying, left the world a book which it regarded with the same indifference and the same idle curiosity. But princes, and popes, and sages came forward to take up that book. And when the day comes, as it will come, when experimental science shall have so far enlarged its boundaries, as to catch a view of, and see the need of the grand generalties which this poor drunkard has strewn to the winds and waters, Eureka will tower like a monumental obelisk before the world's great eyes. It was thus with Copernicus; it was so with Kepler. In the presence of those grand recollections, we can sympathize at least with him who wrote these words: *'I care not whether my work is read now, or by posterity. I can afford to wait a century for readers, when God himself has waited six thousand years for an observer. I triumph. I have stolen the golden secret of the Egyptians. I will indulge my sacred fury.'*

THE LATE EDGAR A. POE
By John R. Thompson
Southern Literary Messenger
xv (November 1849), 694–7

So much has been said by the newspaper press of the country
concerning this gifted child of genius, since his recent death,
that our readers are already in possession of the leading incidents of his short, brilliant, erratic and unhappy career. It is
quite unnecessary that we should recount them in this place. We
feel it due to the dead, however, as editor of a magazine which
owes its earliest celebrity to his efforts, that some recognition
of his talent, on the part of the Messenger, should mingle with
the general apotheosis which just now enrolls him on the list of
'heroes in history and gods in song.'

Mr Poe became connected with the Messenger during the
first year of its existence. He was commended to the favorable
consideration of the proprietor, the late T.W. White, by the
Honorable John P. Kennedy, who, as chairman of a committee,
had just awarded to Poe the prize for the successful tale in a literary competition at Baltimore. Under his editorial management
the work soon became well known everywhere. Perhaps no
similar enterprise ever prospered so largely in its inception, and
we doubt if any, in the same length of time – even Blackwood
in the days of Dr Maginn, whom Poe in some respects resembled
– ever published so many shining articles from the same pen.
Those who will turn to the first two volumes of the Messenger
will be struck by the number and variety of his contributions.
On one page may be found some lyric cadence, plaintive and
inexpressively sweet, the earliest vibrations of those chords
which have since thrilled with so many wild and wondrous har-
monies. On another some strange story of the German school,
akin to the most fanciful legends of the Rhine, fascinates and
astonishes the reader with the verisimilitude of its im-
probabilities. But it was in the editorial department of the
magazine that his power was most conspicuously displayed.
There he appeared as the critic, not always impartial, it may be,
in the distribution of his praises, or correct in the positions he

assumed, but ever merciless to the unlucky author who offended by a dull book. A blunder in this respect he considered worse than a crime, and visited it with corresponding vigor. Among the nascent novelists and newly fledged poetasters of fifteen years ago he came down 'like a Visigoth marching on Rome.' No elegant imbecile or conceited pedant, no matter whether he made his avatar under the auspices of a society, or with the *prestige* of a degree, but felt the lash of his severity. *Baccalaurei baculo portius quam laureo digni* was the principle of his action in such cases, and to the last he continued to castigate impudent aspirants for the bays. Now that he is gone, the vast multitude of blockheads may breathe again, and we can imagine that we hear the shade of the departed crying out to them, in the epitaph designed for Robespierre,

> Passant! ne plains pas mon sort,
> Si je vivais, tu serais mort!*

It will readily occur to the reader that such a course, while it gained subscribers to the review, was not well calculated to gain friends for the reviewer. And so Mr Poe found it, for during the two years of his connection with the Messenger, he contrived to attach to himself animosities of the most enduring kind. It was the fashion with a large class to decry his literary pretensions, as poet and romancer and scholar to represent him as one who possessed little else than

> th'extravagancy
> And crazy ribaldry of fancy –

and to challenge his finest efforts with a chilling *cui bono,* while the critics of other lands and other tongues, the Athenaeum and the *Revue des deux Mondes,* were warmly recognizing his high claims. They did not appreciate him. To the envious obscure, he might not indeed seem entitled to the first literary honors, for he was versed in a more profound learning and skilled in a more lofty minstrelsy, scholar by virtue of a larger erudition and poet by the transmission of a diviner spark.

Unquestionably he was a man of great genius. Among the *littérateurs* of his day he stands out distinctively as an original writer and thinker. In nothing did he conform to established custom. Conventionality he condemned. Thus his writings admit

---

* We translate it freely:
Traveller! forbear to mourn my lot,
Thou would'st have died, if I had not.

of no classification. And yet in his most eccentric vagaries he was always correct. The fastidious reader may look in vain, even among his earlier poems – where 'wild words wander here and there,' – for an offense against rhetorical propriety. He did not easily pardon solecisms in others; he committed none himself. It is remarkable, too, that a mind so prone to unrestrained imaginings should be capable of analytic investigation or studious research. Yet few excelled Mr Poe in power of analysis or patient application. Such are the contradictions of the human intellect. He was an impersonated antithesis.

The regret has often been expressed that Mr Poe did not bring his singular capacity to bear on subjects nearer ordinary life and of a more cheerful nature than the gloomy incidents of his tales and sketches. P.P. Cooke, (the accomplished author of the Froissart Ballads, who, we predict, will one day take, by common consent, his rightful high position in American letters,) in a discriminating essay on the genius of Poe, published in this magazine for January, 1848, remarks upon this point: –

'For my individual part, having the seventy or more tales, analytic, mystic, grotesque, arabesque, always wonderful, often great, which his industry and fertility have already given us, I would like to read one cheerful book made by his *invention*, with little or no aid from its twin brother *imagination* – a book in his admirable style of full, minute, never tedious narrative – a book full of homely doings, of successful toils, of ingenious shifts and contrivances, of ruddy firesides – a book healthy and happy throughout, and with no poetry in it at all, except a good old English poetic justice in the end.'

That such a work would have greatly enhanced Mr Poe's reputation with the million, we think, will scarcely be disputed. But it could not be. Mr Poe was not the man to have produced a *home-book*. He had little of the domestic feeling and his thoughts were ever wandering. He was either in criticism or in the clouds, by turns a disciplinarian and a dreamer. And in his dreams, what visions came to him, may be gathered to some extent from the revealings he has given – visions wherein his fancy would stray off upon some new Walpurgis, or descend into the dark realms of the Inferno, and where occasionally, through the impenetrable gloom, the supernal beauty of Lenore would burst upon his sight, as did the glorified Beatrice on the rapt gaze of the Italian master.

The poems of Mr Poe are remarkable, above all other characteristics, for the exceeding melody of the versification. 'Ulalume' might be cited as a happy instance of this quality, but we prefer to quote 'The Bells' from the last number of the Union Magazine. It was the design of the author, as he himself told us, to express in language the exact sound of the bells to the ear. He has succeeded, we think, far better than Southey, who attempted a similar feat, to tell us 'how the waters come down at Lodore.' [Here Thompson quotes 'The Bells.']

The untimely death of Mr Poe occasioned a very general feeling of regret, although little genuine sorrow was called forth be it, out of the narrow circle of his relatives. We have received, in our private correspondence, from various quarters of the Union, warm tributes to his talent, some of which we take the liberty of quoting, though not designed for publication. A friend in the country writes: –

'Many who deem themselves perfect critics talk of the want of *moral* in the writings and particularly the poetry of Poe. They would have every one to write like Æsop, with the moral distinctly drawn at the end to prevent mistake. Such men would object to the meteor, or the lightning's flash, because it lasts only for the moment – and yet they speak the power of God, and fill our minds with the sublime more readily than does the enduring sunlight. It is thus with the writings of Poe. Every moment there comes across the darkness of his style a flash of that spirit which is not of earth. You cannot analyze the feeling – you cannot tell in what the beauty of a particular passage consists; and yet you feel that deep pathos which only genius can incite – you feel the trembling of that melancholy chord which fills the soul with pleasant mournfulness – you feel that deep yearning for something brighter and better than this world can give – that unutterable gushing of the heart which springs up at the touch of the enchanter, as poured the stream from 'Horeb's rock, beneath the prophet's hand!'

'I wish I could convey to you the impression which the 'Raven' has made upon me. I had read it hastily in times gone by without appreciation; but now it is a study to me – as I go along like Sinbad in the Valley of Diamonds, I find a new jewel at every step. The beautiful rhythm, the mournful cadence, still ring in the ear for hours after a perusal – whilst the heart is bowed down by the outpourings of a soul made desolate not alone by disappointed love, but by crushing of every hope, and every aspiration.'

In a recent letter the following noble acknowledgment is made by the first of American poets – Henry W. Longfellow –

towards whom, it must be said, Mr Poe did not always act with justice. Mr Longfellow will pardon us, we trust, for publishing what was intended as a private communication. The passage evidences a magnanimity which belongs only to great minds.

'What a melancholy death,' says Mr Longfellow, 'is that of Mr Poe – a man so richly endowed with genius! I never knew him personally, but have always entertained a high appreciation of his powers as a prose-writer and a poet. His prose is remarkably vigorous, direct and yet affluent; and his verse has a particular charm of melody, an atmosphere of true poetry about it, which is very winning, The harshness of his criticisms, I have never attributed to anything but the irritation of a sensitive nature, chafed by some indefinite sense of wrong.'

It was not until within two years past that we ever met Mr Poe, but during that time, and especially for two or three months previous to his death, we saw him very often. When in Richmond, he made the office of the Messenger a place of frequent resort. His conversation was always attractive, and at times very brilliant. Among modern authors his favourite was Tennyson, and he delighted to recite from 'The Princess' the song 'Tears, idle tears;' a fragment of which

– when unto dying eyes
The casement slowly grows a glimmering square –

he pronounced unsurpassed by any image expressed in writing. The day before he left Richmond, he placed in our hands for publication in the Messenger, the MS. of his last poem, which has since found its way (through a correspondent of a northern paper with whom Mr Poe had left a copy) into the newspaper press, and has been extensively circulated. As it was designed for this magazine, however, we publish it, even though all of our readers may have seen it before: [Here Thompson quotes 'Annabel Lee.']

In what we have said of Mr Poe, we have been considering only the brighter side of the picture. That he had many and sad infirmities cannot be questioned. Over these we would throw in charity the mantle of forgetfulness. The grave has come between our perception and his errors, and we pass over them in silence. They found indeed a mournful expiation in his alienated friendships and his early death.

J.R.T.

c Baudelaire's preface to Poe's
Histoires extraordinaires (Michel Lévy) 1856*

EDGAR POE

SA VIE ET SES ŒUVRES

... Quelque maître malheureux à qui l'inexorable Falalité a donné une chasse acharnée, toujours plus acharnée, jusqu'à ce que ses chants n'aient plus qu'un unique refrain, jusqu'à ce que les chants funèbres de son Espérance aient adopté ce mélancolique refrain: Jamais! Jamais plus!

EDGAR POE. – Le Corbeau

> Sur son trône d'airain le Destin qui s'en raille
> Imbibe leur éponge avec du fiel amer,
> Et la Nécessité les tord dans sa tenaille.

THÉOPHILE GAUTIER – Ténèbres

I

Dans ces derniers temps, un malheureux fut amené devant nos tribunaux, dont le front était illustré d'un rare et singulier tatouage: *Pas de chance!* Il portait ainsi au-dessus de ses yeux l'étiquette de sa vie, comme un livre son titre, et l'interrogatoire prouva que ce bizarre écriteau était cruellement véridique. Il y a dans l'histoire littéraire des destinées analogues, de vraies damnations, – des hommes qui portent le mot *guignon* écrit en caractères mystérieux dans les plis sinueux de leur front. L'Ange aveugle de l'expiation s'est emparé d'eux et les fouette à tour de bras pour l'édification des autres. En vain leur vie montre-t-elle des talents, des vertus, de la grâce; la Société a pour eux an anathème spécial, et accuse en eux les infirmités que sa persécution leur a données. – Que ne fit pas Hoffmann pour désarmer la destinée, et que n'entreprit pas Balzac pour conjurer la fortune? – Existe-t-il donc une Providence diabolique qui prépare le malheur dès le berceau, – qui jette avec *préméditation* des natures spirituelles et angéliques dans des milieux hostiles, comme des martyrs dans les cirques? Y a-t-il

---

*A fragment of this preface was published in *Le Pays* on 25 February 1856, prior to its appearance in book form. As Jacques Crépet states in his edition of the *Histoires extraordinaires* (Conard 1932, p. 395), the variants are insignificant.

donc des âmes *sacrées*, vouées à l'autel, condamnées à marcher à la mort et à la gloire à travers leurs propres ruines? Le cauchemar des *Ténèbres* assiégera-t-il éternellement ces âmes de choix? – Vainement elles se débattent, vainement elles se forment au monde, à ses prévoyances, à ses ruses; elles perfectionneront la prudence, boucheront toutes les issues, matelasseront les fenêtres contre les projectiles du hasard; mais le Diable entrera par une serrure; une perfection sera le défaut de leur cuirasse, et une qualité superlative le germe de leur damnation.

L'aigle, pour le briser, du haut du firmament
Sur leur front découvert lâchera la tortue,
Car *ils* doivent périr inévitablement.

Leur destinée est écrite dans toute leur constitution, elle brille d'un éclat sinistre dans leurs regards et dans leurs gestes, elle circule dans leurs artères avec chacun de leurs globules sanguins.

Un écrivain célèbre de notre temps a écrit un livre pour démontrer que le poëte ne pouvait trouver une bonne place ni dans une société démocratique ni dans une aristocratique, pas plus dans une république que dans une monarchie absolue ou tempérée. Qui donc a su lui répondre péremptoirement? J'apporte aujourd'hui une nouvelle légende à l'appui de sa thèse, j'ajoute un saint nouveau au martyrologe; j'ai à écrire l'histoire d'un de ces illustres malheureux, trop riche de poésie et de passion, qui est venu, après tant d'autres, faire en ce bas monde le rude apprentissage du génie chez les âmes inférieures.

Lamentable tragédie que la vie d'Edgar Poe! Sa mort, dénoûment horrible dont l'horreur est accrue par la trivialité! – De tous les documents que j'ai lus est résultée pour moi la conviction que les Etats-Unis ne furent pour Poe qu'une vaste prison qu'il parcourait avec l'agitation fiévreuse d'un être fait pour respirer dans un monde plus aromal, – qu'une grande barbarie éclairée au gaz, – et que sa vie intérieure, spirituelle, de poëte ou même d'ivrogne, n'était qu'un effort perpétuel pour échapper à l'influence de cette atmosphère antipathique. Impitoyable dictature que celle de l'opinion dans les sociétés démocratiques; n'implorez d'elle ni charité, ni indulgence, ni élasticité quelconque dans l'application de ses lois aux cas multiples et complexes de la vie morale. On dirait que de l'amour impie de la liberté est née une tyrannie nouvelle, la tyrannie des bêtes, ou zoocratie, qui par son insensibilité féroce ressemble à l'idole de Jaggernaut. – Un biographe nous dira gravement, – il est bien intentionné, le brave homme, – que Poe, s'il avait voulu régulariser son génie et appliquer ses facultés créatrices d'une manière plus appropriée au sol américain, aurait pu devenir un auteur à argent, a *money making author;* – un autre, – un naïf cynique, celui-là, – que, quelque beau que soit le génie de Poe, il eût mieux valu pour lui n'avoir que du talent, le talent s'escomptant toujours plus facilement que le génie. Un autre, qui a dirigé des journaux et des revues, un ami du poëte, avoue qu'il était difficile de l'employer et qu'on était obligé de le payer moins que d'autres, parce qu'il écrivait dans un style trop au-dessus du vulgaire. *Quelle odeur de magasin!* comme disait Joseph de Maistre.

Quelques-uns ont osé davantage, et, unissant l'inintelligence la plus lourde de son génie à la férocité de l'hypocrisie bour-geoise, l'ont insulté à l'envi; et, après sa soudaine disparition, ils ont rudement morigéné ce cadavre, – particulièrement M. Rufus Griswold, qui, pour rappeler ici l'expression vengeresse de M. George Graham, a commis alors une immortelle infamie. Poe, éprouvant peut-être le sinistre pressentiment d'une fin subite, avait désigné MM. Griswold et Willis pour mettre ses œuvres en ordre, écrire sa vie, et restaurer sa memoire. Ce pédagogue-vampire a diffamé longuement son ami dans un énorme article, plat et haineux, juste en tête de l'édition pos-thume de ses œuvres. – Il n'existe donc pas en Amérique d'or-donnance qui interdise aux chiens l'ontrée des cimetières? – Quant à M. Willis, il a prouvé au contraire que la bienveillance et la décence marchaient toujours avec le véritable esprit, et que la charité envers nos confrères, qui est un devoir moral, était aussi un des commandements du goût.

Causez de Poe avec un Américain, il avouera peut-être son génie, peut-être même s'en montrera-t-il fier; mais, avec un ton sardonique supérieur qui sent son homme positif, il vous parlera de la vie débraillée du poëte, de son haleine alcoolisée qui aurait pris feu à la flamme d'une chandelle, de ses habitudes vagabon-des; il vous dira que c'était un être erratique et hétéroclite, une planète désorbitée, qu'il roulait sans cesse de Baltimore à New-York, de New-York à Philadelphie, de Philadelphie à Boston, de Boston à Baltimore, de Baltimore à Richmond. Et si, le cœur ému par ces préludes d'une histoire navrante, vous donnez à entendre que l'individu n'est peut-être pas seul coupable et qu'il doit être difficile de penser et d'écrire commodément dans un pays où il y a des millions de souverains, un pays sans capitale à proprement parler, et sans aristocratie, – alors vous verrez ses yeux s'agrandir et jeter des éclairs, la bave du patriotisme souffrant lui monter aux lèvres, et l'Amérique, par sa bouche, lancer des injures à l'Europe, sa vieille mère, et à la philosophie des anciens jours.

Je répète que pour moi la persuasion s'est faite qu'Edgar Poe et sa patrie n'étaient pas de niveau. Les Etats-Unis sont un pays gigantesque et enfant, naturellement jaloux du vieux continent. Fier de son développement matériel, anormal et presque monstrueux, ce nouveau venu dans l'histoire a une foi naïve dans la toute-puissance de l'industrie; il est convaincu, comme quelques malheureux parmi nous, qu'elle finira par manger le Diable. Le temps et l'argent ont là-bas une valeur si grande! L'activité matérielle, exagérée jusqu'aux proportions d'une manie nationale, laisse dans les esprits bien peu de place pour les choses qui ne sont pas de la terre. Poe, qui était de bonne souche, et qui d'ailleurs professait que le grand malheur de son pays était de n'avoir pas d'aristocratie de race, attendu, disait-il, que chez un peuple sans aristocratie le culte du Beau ne peut que se corrompre, s'amoindrir et disparaître, – qui accusait chez ses concitoyens, jusque dans leur luxe emphatique et coûteux, tous les symptômes du mauvais goût caractéristique des parvenus, – qui considérait le Progrès, la grande idée moderne, comme une extase de gobe-mouches, et qui appelait les *perfectionnements* de l'habitacle humain des cicatrices et des abominations rectangulaires, – Poe était là-bas un cerveau singulièrement solitaire. Il ne croyait qu'à l'immuable, à l'éternel, au *selfsame,* et il jouissait – cruel privilége dans une société amoureuse d'elle-même, – de ce grand bon sens à la Machiavel qui marche devant le sage, comme une colonne lumineuse, à travers le désert de l'histoire. – Qu'eût-il pensé, qu'eût-il écrit, l'infortune, s'il avait entendu la théologienne du sentiment supprimer l'Enfer par amitié pour le genre humain, le philosophe du chiffre proposer un système d'assurances, une souscription à un sou par tête pour la suppression de la guerre, – et l'abolition de la peine de mort et de l'orthographe, ces deux folies corrélatives! – et tant d'autres malades qui écrivent, *l'oreille inclinée au vent*, des fantaisies giratoires aussi flatueuses que l'elément qui les leur dicte? – Si vous ajoutez à cette vision impeccable du vrai, véritable infirmité dans de certaines circonstances, une délicatesse exquise de sens qu'une note fausse torturait, une finesse de goût que tout, excepté l'exacte proportion, révoltait, un amour insatiable du Beau, qui avait pris la puissance d'une passion morbide, vous ne vous étonnerez pas que pour un pareil homme la vie soit devenue un enfer, et qu'il ait mal fini; vous admirerez qu'il ait pu *durer* aussi longtemps.

II

La famille de Poe était une des plus respectables de Baltimore. Son grand-père maternel avait servi comme *quartermaster-general* dans la guerre de l'Indépendance, et Lafayette l'avait en haute estime et amitié. Celui-ci, lors de son dernier voyage aux Etats-Unis, voulut voir la veuve du général et lui témoigner sa gratitude pour les services que lui avait rendus son mari. Le bisaïeul avait épousé une fille de l'amiral anglais Mac Bride, qui était allié avec les plus nobles maisons d'Angleterre. David Poe, père d'Edgar et fils du général, s'éprit violemment d'une actrice anglaise, Elisabeth Arnold, célèbre par sa beauté; il s'enfuit avec elle et l'épousa. Pour mêler plus intimement sa destinée avec la sienne, il se fit comédien et parut avec sa femme sur différents théâtres, dans les principales villes de l'Union. Les deux époux moururent à Richmond, presque en même temps, laissant dans l'abandon et le dénûment le plus complet trois enfants en bas âge, dont Edgar.

Edgar Poe était né Baltimore, en 1813. – C'est d'après son propre dire que je donne cette date, car il a réclamé contre l'affirmation de Griswold qui place sa naissance en 1811. – Si jamais l'esprit de roman, pour me servir d'une expression de notre poëte, a présidé à une naissance, – esprit sinistre et orageux! – certes il présida à la sienne. Poe fut véritablement l'enfant de la passion et de l'aventure. Un riche négociant de la ville, M. Allan, s'éprit de ce joli malheureux que la nature avait doté d'une manière charmante, et, comme il n'avait pas d'enfants, il l'adopta. Celui-ci s'appela donc désormais Edgar Allan Poe. Il fut ainsi élevé dans une belle aisance et dans l'espérance légitime d'une de ces fortunes qui donnent au caractère une superbe certitude. Ses parents adoptifs l'emmenèrent dans un voyage qu'ils firent en Angleterre, en Ecosse et en Irlande, et, avant de retourner dans leur pays, ils le laissèrent chez le docteur Bransby, qui tenait une importante maison d'éducation à Stoke-Newington, près de Londres. – Poe a lui-même, dans

William Wilson, décrit cette étrange maison bâtie dans le vieux style d'Elisabeth, et les impressions de sa vie d'écolier.

Il revint à Richmond en 1822, et continua ses études en Amérique, sous la direction des meilleurs maîtres de l'endroit. A l'Université de Charlottesville, où il entra en 1825, il se distingua non-seulement par une intelligence quasi miraculeuse, mais aussi par une abondance presque sinistre de passions, – une précocité vraiment américaine, – qui, finalement, fut la cause de son expulsion. Il est bon de noter en passant que Poe avait déjà, à Charlottesville, manifesté une aptitude des plus remarquables pour les sciences physiques et mathématiques. Plus tard il en fera un usage fréquent dans ses étranges contes, et en tirera des moyens très-inattendus. Mais j'ai des raisons de croire que ce n'est pas à cet ordre de compositions qu'il attachait le plus d'importance, et que, – peut-être même à cause de cette précoce aptitude, – il n'était pas loin de les considérer comme de *faciles* jongleries, comparativement aux ouvrages de pure imagination. – Quelques malheureuses dettes de jeu amenèrent une brouille momentanée entre lui et son père adoptif, et Edgar, – fait des plus curieux, et qui prouve, quoi qu'on ait dit, une dose de chevalerie assez forte dans son impressionnable cerveau, – conçut le projet de se mêler à la guerre des Hellènes et d'aller combattre les Turcs. Il partit donc pour la Grèce. – Que devint-il en Orient, qu'y fit-il, – étudia-t-il les rivages classiques de la Méditerranée, – pourquoi le retrouvons-nous à Saint-Pétersbourg, sans passe-port, – compromis, et dans quelle sorte d'affaire, – obligé d'en appeler au ministre américain, Henry Middleton, pour échapper à la pénalité russe et retourner chez lui? – on l'ignore; il y a là une lacune que lui seul aurait pu combler. La vie d'Edgar Poe, sa jeunesse, ses aventures en Russie et sa correspondance ont été longtemps annoncées par les journaux américains et n'ont jamais paru.

Revenu en Amérique, en 1829, il manifesta le désir d'entrer à l'école militaire de West-Point; il y fut admis en effet, et là comme ailleurs il donna les signes d'une intelligence admirablement douée, mais indisciplinable, et au bout de quelques mois il fut rayé. – En même temps se passait dans sa famille adoptive un événement qui devait avoir les conséquences les plus graves sur toute sa vie. Madame Allan, pour laquelle is semble avoir éprouvé une affection réellement filiale, mourait, et M. Allan épousait une femme toute jeune. Une querelle domestique prend ici place, – une histoire bizarre et ténébreuse que je ne peux pas raconter, parce qu'elle n'est clairement expliquée par aucun biographe. Il n'y a donc pas lieu de s'etonner qu'il se soit définitivement séparé de M. Allan, et que celui-ci, qui eut des enfants de son second mariage, l'ait complétement frustré de sa succession.

Peu de temps après avoir quitté Richmond, Poe publia un petit volume de poésies; c'était en vérité une aurore éclatante. Pour qui sait sentir la poésie anglaise, il y a là déjà l'accent extraterrestre, le calme dans la mélancolie, la solennité délicieuse, l'expérience précoce, – j'allais, je crois, dire *expérience innée*, – qui caractérisent les grands poëtes.

La misère le fit quelque temps soldat, et il est présumable qu'il se servit des lourds loisirs de la vie de garnison pour préparer les matériaux de ses futures compositions, – compositions étranges qui semblent avoir été créées pour nous démontrer que l'étrangeté est une des parties intégrantes du beau. Rentré dans la vie littéraire, le seul élément où puissent respirer certains êtres déclassés, Poe se mourait dans une misère extrême, quand un hasard heureux le releva. Le propriétaire d'une revue vennait de fonder deux prix, l'un pour le meilleur conte, l'autre pour le meilleur poëme. Une écriture singulièrement belle attira les yeux de M. Kennedy, qui présidait le comité, et lui donna l'envie d'examiner lui-même les manuscrits. Il se trouva que Poe avait gagné les deux prix; mais un seul lui fut donné. Le président de la commission fut curieux de voir l'inconnu. L'éditeur du journal lui amena un jeune homme d'une beauté frappante, en guenilles, boutonné jusqu'au mention, et qui avait l'air d'un gentilhomme aussi fier qu'affamé. Kennedy se conduisit bien. Il fit faire à Poe la connaissance d'un M. Thomas White, qui fondait à Richmond le *Southern Literary Messenger*. M. White était un homme d'audace, mais sans aucun talent littéraire; il lui fallait un aide. Poe se trouva donc tout jeune, – à vingt-deux ans, – directeur d'une revue dont la destinée reposait tout entière sur lui. Cette prospérité, il la créa. Le *Southern Literary Messenger* a reconnu depuis lors que c'était à cet excentrique maudit, à cet ivrogne incorrigible qu'il devait sa clientèle et sa fructueuse notoriété. C'est dans ce *magasin* que parut pour la première fois l'*Aventure sans pareille d'un certain Hans Pfaall*, et plusieurs autres contes que nos lecteurs verront défiler sous leurs yeux. Pendant près de deux ans, Edgar Poe, avec une ardeur merveilleuse, étonna son public par une série de compositions d'un genre nouveau et par des articles critiques dont la vivacité, la netteté, la sévérité raisonnée étaient bien faites pour attitrer les yeux. Ces articles portaient sur des livres de tout genre, et la forte éducation que le jeune homme s'était faite ne le servit pas médiocrement. Il est bon qu'on sache que cette besogne considérable se faisait pour cinq cents dollars, c'est-à-dire deux mille sept cents francs par an. – *Immédiatement*, – dit Griswold, ce qui veut dire: il se croyait donc assez riche, l'imbécile! – il épousa une jeune fille, belle, charmante, d'une nature aimable et héroïque, mais *ne possédant pas un sou*, – ajoute le même Griswold avec une nuance de dédain. C'était une demoiselle Virginia Clemm, sa cousine.

Malgré les services rendus à son journal, M. White se brouilla avec Poe au bout de deux ans, à peu près. La raison de cette séparation se trouve évidemment dans les accès d'hypocondrie et les crises d'ivrognerie du poëte, – accidents caractéristiques qui assombrissaient son ciel spirituel, comme ces nuages lugubres qui donnent soudainement au plus romantique paysage un air de mélancolie en apparence irréparable. – Dès lors, nous verrons l'infortuné déplacer sa tente, comme un homme du désert, et transporter ses légers pénates dans les principales villes de l'Union. Partout, il dirigera des revues ou y collaborera d'une manière éclatante. Il répandra avec une éblouissante rapidité des articles critiques, philosophiques, et des contes pleins de magie qui paraissent réunis sous le titre de *Tales of the Grotesque and the Arabesque*, – titre remarquable et intentionnel, car les ornements grotesques et arabesques repoussent la figure humaine, et l'on verra qu'à beaucoup d'égards la littérature de Poe est extra ou suprahumaine. Nous apprendrons par des notes blessantes et scandaleuses insérées dans les journaux que M. Poe et sa femme se trouvent dangereusement malades à Fordham et dans une absolue misère. Peu de temps après la mort de madame Poe, le poëte subit les premières attaques du *delirium tremens*. Une note nouvelle paraît soudainement dans un journal, – celle-là, plus que cruelle, – qui accuse son mépris et son dégoût du monde, et lui fait un de ces procès de tendance, véritables réquisitoires de l'opinion, contre lesquels il eut toujours à se défendre, – une des luttes les plus stérilement fatigantes que je connaisse.

Sans doute il gagnait de l'argent, et ses travaux littéraires pouvaient à peu près le faire vivre. Mais j'ai les preuves qu'il avait sans cesse de dégoûtantes difficultés à surmonter. Il rêva, comme tant d'autres écrivains, une *Revue* à lui, il voulut être *chez lui*, et le fait est qu'il avait suffisamment souffert pour désirer ardemment cet abri définitif pour sa pensée. Pour arriver à ce résultat, pour se procurer une somme d'argent suffisante, il eut recours aux *lectures*. On sait ce que sont ces lectures, – une espèce de spéculation, le Collége de France mis à la disposition de tous les littérateurs, l'auteur ne publiant sa *lecture* qu'après qu'il en a tiré toutes les recettes qu'elle peut rendre. Poe avait déjà donné à New-York une *lecture* d'*Eureka*, son poëme cosmogonique, qui avait même soulevé de grosses discussions. Il imagina cette fois de donner des *lectures* dans son pays, dans la Virginie. Il comptait, comme il l'écrivit à Willis, faire une tournée dans l'Ouest et le Sud, et il espérait le concours de ses amis littéraires et de ses anciennes connaissances de collége et de West-Point. Il visita donc les principales villes de la Virginie, et Richmond revit celui qu'on y avait connu si jeune, si pauvre, si délabré. Tous ceux qui n'avaient pas vu Poe depuis les jours de son obscurité accoururent en foule pour contempler leur illustre compartriote. Il apparut, beau, élégant, correct comme le génie. Je crois même que depuis quelque temps il avait poussé la condescendance jusqu'à se faire admettre dans une société de tempérance. Il choisit un thème aussi large qu'élevé: *Le Principe de la Poésie*, et il le développa avec cette lucidité qui est un de ses priviléges. Il croyait, en vrai poëte qu'il était, que le but de la poésie est de même nature que son principe, et qu'elle ne doit pas avoir en vue autre chose qu'elle-même.

Le bel accueil qu'on lui fit inonda son pauvre cœur d'orgueil et de joie; il se montrait tellement enchanté qu'il parlait de s'établir définitivement à Richmond et de finir sa vie dans les lieux que son enfance lui avait rendus chers. Cependant il avait affaire à New-York, et il partit, le 4 octobre, se plaignant de frissons et de faiblesses. Se sentant toujours assez mal en arrivant à Baltimore, le 6, au soir, il fit porter ses bagages à l'embarcadère d'où il devait se diriger sur Philadelphie, et entra dans une taverne pour y prendre un excitant quelconque. Là, malheureusement, il rencontra de vieilles connaissances et s'attarda. Le lendemain matin, dans les pâles ténèbres du petit jour, un cadavre fut trouvé sur la voie, – est-ce ainsi qu'il faut dire? – non, un corps vivant encore, mais que la Mort avait déjà marqué de sa royale estampille. Sur ce corps, dont on ignorait le nom, on ne trouva ni papiers ni argent, et on le porta dans un hôpital. C'est là que Poe mourut, le soir même du dimanche, 7 octobre 1849, à l'âge de 37 ans, vaincu par le *delirium tremens,* ce terrible visiteur qui avait déjà hanté son cerveau une ou deux fois. Ainsi disparut de ce monde un des plus grands héros littéraires, l'homme de génie qui avait écrit dans *Le Chat Noir* ces mots fatidiques: *Quelle maladie est comparable à l'Alcool!*

Cette mort est presque un suicide, – un suicide préparé depuis longtemps. Du moins, elle en causa le scandale. La clameur fut grande, et la *vertu* donna carrière à son *cant* emphatique, librement et voluptueusement. Les oraisons funèbres les plus indulgentes ne purent pas ne pas donner place à l'inévitable morale bourgeoise qui n'eut garde de manquer une si admirable occasion. M. Griswold diffama; M. Willis, sincèrement affligé, fut mieux que convenable. – Hélas! celui qui avait franchi les hauteurs les plus ardues de l'esthétique et plongé dans les abîmes les moins explorés de l'intellect humain, celui qui, à travers une vie qui ressemble à une tempête sans accalmie, avait trouvé des moyens nouveaux, des procédés inconnus pour étonner l'imagination, pour séduire les esprits assoifés de Beau, venait de mourir en quelques heures dans un lit d'hôpital, – quelle destinée! Et tant de grandeur et tant de malheur, pour soulever un tourbillon de phraséologie bourgeoise, pour devenir la pâture et le thème des journalistes vertueux!

Ut declamatio fias!

Ces spectacles ne sont pas nouveaux; il est rare qu'une sépulture fraîche et illustre ne soit pas un rendez-vous de scandales. D'ailleurs, la Société n'aime pas ces enragés malheureux, et, soit qu'ils troublent ses fêtes, soit qu'elles les considère naïvement comme des remords, elle a incontestablement raison. Qui ne se rappelle les déclamations parisiennes lors de la mort de Balzac, qui cependant mourut correctement? – Et plus récemment encore, – il y a aujourd'hui, 26 janvier, juste un an, – quant un écrivain d'une honnêteté admirable, d'une haute intelligence, et *qui fut toujours lucide,* alla discrètement, sans déranger personne, – si discrètement que sa discrétion ressemblait à du mépris, – délier son âme dans la rue la plus noire qu'il pût trouver, – quelles dégoûtantes homélies! – quel assassinat raffiné! Un journaliste célèbre, à qui Jésus n'enseignera jamais les manières généreuses, trouva l'aventure assez joviale pour la célébrer en un gros calembour. – Parmi l'énumération nombreuse des *droits de l'homme* que la sagesse du XIXᵉ siècle recommence si souvent et si complaisamment, deux assez importants ont été oubliés, qui sont le droit de se contredire et le droit de *s'en aller.* Mais la *Société* regarde celui qui s'en va comme un insolent; elle châtierait volontiers certaines dépouilles funèbres, comme ce malheureux soldat, atteint de vampirisme, que la vue d'un cadavre exaspérait jusqu'à la fureur. – Et cependant, on peut dire que, sous la pression de certaines circonstances, après un sérieux examen de certaines incompatibilités, avec de fermes croyances à de certains dogmes et métempsycoses, – on peut dire, sans emphase et sans jeu de mots, que le suicide est parfois l'action la plus raisonnable de la vie. – Et ainsi se forme une compagnie de fantômes déjà nombreuse, qui nous hante familièrement, et dont chaque membre vient nous vanter son repos actuel et nous verser ses persuasions.

Avouons toutefois que la lugubre fin de l'auteur d'*Eureka* suscita quelques consolantes exceptions, sans quoi il faudrait désespérer, et la place ne serait plus tenable. M. Willis, comme je l'ai dit, parla honnêtement, et même avec émotion, des bons rapports qu'il avait toujours eus avec Poe. MM. John Neal et George Graham rappelèrent M. Griswold à la pudeur. M. Longfellow, – et celui-ci est d'autant plus méritant que Poe l'avait cruellement maltraité, – sut louer d'une manière digne d'un poëte sa haute puissance comme poëte et comme prosateur. Un inconnu écrivit que l'Amérique littéraire avait perdu sa plus forte tête.

Mais le cœur brisé, le cœur déchiré, le cœur percé des sept glaives fut celui de madame Clemm. Edgar était à la fois son fils et sa fille. Rude destinée, dit Willis, à qui j'emprunte ces détails, presque mot pour mot, rude destinée que celle qu'elle surveillait et protégeait. Car Edgar Poe était un homme embarrassant; outre qu'il écrivait avec une fastidieuse difficulté et *dans un style trop au-dessus du niveau intellectuel commun pour qu'on pût le payer cher,* il était toujours plongé dans des embarras d'argent, et souvent lui et sa femme malade manquaient des choses les plus nécessaires à la vie. Un jour Willis vit entrer dans son bureau une femme, vieille, douce, grave. C'était madame Clemm. Elle *cherchait de l'ouvrage* pour son cher Edgar. Le biographe dit qu'il fut singulièrement frappé, non pas seulement de l'éloge parfait, de l'appréciation exacte qu'elle faisait des talents de son fils, mais aussi de tout son être extérieur, – de sa voix douce et triste, de ses manières un peu surannées, mais belles et grandes. Et pendant plusieurs années, ajoute-t-il, nous avons vu cet infatigable serviteur du génie, pauvrement et insuffisamment vêtu, allant de journal en journal pour vendre tantôt un poëme, tantôt un article, disant quelquefois qu'*il* était malade, – unique explication, unique raison, invariable excuse qu'elle donnait quand son fils se trouvait frappé momentané-ment d'une de ces stérilités que connaissent les écrivains ner-veux, – et ne permettant jamais à ses lèvres de lâcher une syllabe qui pût être interprétée comme un doute, comme un amoin-drissement de confiance dans le génie et la volonté de son bien-aimé. Quand sa fille mourut, elle s'attacha au survivant de la désastreuse bataille avec une ardeur maternelle renforcée, elle vécut avec lui, prit soin de lui, le surveillant, le défendant contre la vie et contre lui-même. Certes, – conclut Willis avec une haute et impartiale raison, – si le dévouement de la femme, né avec un premier amour et entretenu par la passion humaine, glorifie et consacre son objet, que ne dit pas en faveur de celui qui l'inspira un dévouement comme celui-ci, pur, désintéressé et saint comme une sentinelle divine? Les détracteurs de Poe auraient dû en effet remarquer qu'il est des séductions si puis-santes qu'elles ne peuvent être que des vertus.

On devine combien terrible fut la nouvelle pour la malheureuse femme. Elle écrivit à Willis une lettre dont voici quelques lignes:

'J'ai appris ce matin la mort de mon bien-aimé Eddie ... Pouvez-vous me transmettre quelques détails, quelques circon-stances? ... Oh! n'abandonnez pas votre pauvre amie dans cette amère affliction ... Dites à M. ... de venir me voir; j'ai à m'ac-quitter envers lui d'une commission de la part de mon pauvre Eddie ... Je n'ai pas besoin de vous prier d'annoncer sa mort, et de parler bien de lui. Je sais que vous le ferez. *Mais dites bien quel fils affectueux il était pour moi,* sa pauvre mère désolée...'

Cette femme m'apparaît grande et plus qu'antique. Frappée d'un coup irréparable, elle ne pense qu'à la réputation de celui qui était tout pour elle, et il ne suffit pas, pour la contenter, qu'on dise qu'il était un génie, il faut qu'on sache qu'il était un homme de devoir et d'affection. Il est évident que cette mère, – flam-beau et foyer allumé par un rayon du plus haut ciel, – a été don-née en exemple à nos races trop peu soigneuses du dévouement, de l'héroïsme, et de tout ce qui est plus que le devoir. N'était-ce pas justice d'inscrire au-dessus des ouvrages du poète le nom

de celle qui fut le soleil moral de sa vie? Il embaumera dans sa
gloire le nom de la femme dont la tendresse savait panser ses
plaies, et dont l'image voltigera incessamment au-dessus du
martyrologe de la litérature.

III

La vie de Poe, ses mœurs, ses manières, son être physique, tout
ce qui constitue l'ensemble de son personnage, nous apparais-
sent comme quelque chose de ténébreux et de brillant à la fois.
Sa personne était singulière, séduisante et, comme ses ouvrages, marquée d'un indéfinissable cachet de mélancolie. Du
reste, il était remarquablement bien doué de toutes façons.
Jeune, il avait montré une rare aptitude pour tous les exercices
physiques, et bien qu'il fût petit, avec des pieds et des mains de
femme, tout son être portant d'ailleurs ce caractère de
délicatesse féminine, il était plus que robuste et capable de merveilleux traits de force. Il a, dans sa jeunesse, gagné un pari de
nageur qui dépasse la mesure ordinaire du possible. On dirait
que la Nature fait à ceux dont elle veut tirer de grandes choses
un tempérament énergique, comme elle donne une puissante
vitalité aux arbres qui sont chargés de symboliser le deuil et la
douleur. Ces hommes-là, avec des apparences quelquefois chétives, sont taillés en athlètes, bons pour l'orgie et pour le travail,
prompts aux excès et capables d'étonnantes sobriétés.

Il est quelques points relatifs à Edgar Poe, sur lesquels il y
a accord unanime, par exemple sa haute distinction naturelle,
son éloquence et sa beauté, dont, à ce qu'on dit, il tirait un peu
vanité. Ses manières, mélange singulier de hauteur avec une
douceur exquise, étaient pleines de certitude. Physionomic,
démarche, gestes, airs de tête, tout le désignait, surtout dans ses
bons jours, comme une créature d'élection. Tout son être
respirait une solennité pénétrante. Il était réellement marqué
par la nature, comme ces figures de passants qui tirent l'œil de
l'observateur et préoccupent sa mémoire. Le pédant et aigre
Griswold lui-même avoue que, lorsqu'il alla rendre visite à Poe,
et qu'il le trouva pâle et malade encore de la mort et de la
maladie de sa femme, il fut frappé outre mesure, non-seulement
de la perfection de ses manières, mais encore de la physionomie
aristocratique, de l'atmosphère parfumée de son appartement,
d'ailleurs assez modestement meublé. Griswold ignore que le
poëte a plus que tous les hommes ce merveilleux privilége

attribué à la femme parisienne et à l'espagnole, de savoir se parer avec un rien, et que Poe, amoureux du beau en toutes choses, aurait trouvé l'art de transformer une chaumière en un palais d'une espèce nouvelle. N'a-t-il pas écrit, avec l'esprit le plus original et le plus curieux, des projets de mobiliers, des plans de maisons de campagne, de jardins et de réformes de paysages?

Il existe une lettre charmante de madame Frances Osgood, qui fut une des amies de Poe, et qui nous donne sur ses mœurs, sur sa personne et sur sa vie de ménage, les plus curieux détails. Cette femme, qui était elle-même un littérateur distingué, nie courageusement tous les vices et toutes les fautes reprochés au poëte. 'Avec les hommes, – dit-elle à Griswold, – peut-être était-il tel que vous le dépeignez, et comme homme vous pouvez avoir raison. Mais je pose en fait qu'avec les femmes il était tout autre, et que jamais femme n'a pu connaître M. Poe sans éprouver pour lui un profond intérêt. Il ne m'a jamais apparu que comme un modèle d'élégance, de distinction et de générosité...

'La première fois que nous nous vîmes, ce fut à *Astor-House.* Willis m'avait fait passer à table d'hôte *Le Corbeau,* sur lequel l'auteur, me dit-il, désirait connaître mon opinion. La musique mystérieuse et surnaturelle de ce poëme étrange me pénétra si intimement que, lorsque j'appris que Poe désirait m'être présenté, j'éprouvai un sentiment singulier et qui ressemblait à de l'effroi. Il parut avec sa belle et orgueilleuse tête, ses yeux sombres qui dardaient une lumière d'élection, une lumière de sentiment et de pensée, avec ses manières qui étaient un mélange intraduisible de hauteur et de suavité, – il me salua, calme, grave, presque froid; mais sous cette froideur vibrait une sympathie si marquée que je ne pus m'empêcher d'en être profondément impressionnée. A partir de ce moment jusqu'à sa mort, nous fûmes amis ... et je sais que dans ses dernières paroles, j'ai eu ma part de souvenir, et qu'il m'a donné, avant que sa raison ne fût culbutée de son trône de souveraine, une preuve suprême de sa fidélité en amitié.

'C'était surtout dans son intérieur, à la fois simple et poétique, que le caractère d'Edgar Poe apparaissait pour moi dans sa plus belle lumière. Folâtre, affectueux, spirituel, tantôt docile et tantôt méchant comme un enfant gâté, il avait toujours pour sa jeune, douce et adorée femme, et pour tous ceux qui venaient, même au milieu de ses plus fatigantes besognes littéraires, un mot aimable, un sourire bienveillant, des attentions gracieuses et courtoises. Il passait d'interminables heures à son pupitre, sous le portrait de sa *Lenore*, l'aimée et la morte, toujours assidu, toujours résigné et fixant avec son admirable écriture les brillantes fantaisies qui traversaient son étonnant cerveau incessamment en éveil. – Je me rappelle l'avoir vu un matin plus joyeux et plus allègre que de coutume. Virginia, sa douce femme, m'avait priée d'aller les voir et il m'était impossible de résister à ses sollicitations ... Je le trouvai travaillant à la série d'articles qu'il a publiés sous le titre: *The Literati of New-York.* Voyez, – me dit-il, en déployant avec un rire de triomphe plusieurs petits rouleaux de papier (il écrivait sur des bandes étroites, sans doute pour conformer sa copie à la *justification* des journaux), – je vais vous montrer par la différence des longeurs les divers degrés d'estime que j'ai pour chaque membre de votre gent littéraire. Dans chacun de ces papiers, l'un de vous est peloté et proprement discuté. – Venez ici, Virginia, et aidez-moi! – Et ils les déroulèrent tous un à un. A la fin, il y en avait un qui semblait interminable. Virginia, tout en riant, reculait jusqu'à un coin de la chambre le tenant par un bout, et son mari vers un autre coin avec l'autre bout. – Et quel est l'heureux, – dis-je, – que vous avez jugé digne de cette incommensurable douceur? – L'entendez-vous! – s'écria-t-il, – comme si son vaniteux petit cœur ne lui avait pas déjà dit que c'est elle-même!

'Quand je fus obligée de voyager pour ma santé, j'entretins une correspondance régulière avec Poe, obéissant en cela aux vives sollicitations de sa femme, qui croyait que je pouvais obtenir sur lui une influence et un ascendant salutaires ... Quant à l'amour et à la confiance qui existaient entre sa femme et lui, et qui étaient pour moi un spectacle délicieux, je n'en saurais parler avec trop de conviction, avec trop de chaleur. Je néglige quelques petits épisodes poétiques dans lesquels le jeta son tempérament romanesque. Je pense qu'elle était la seule femme qu'il ait toujours véritablement aimée...'

Dans les Nouvelles de Poe, il n'y a jamais d'amour. Du moins *Ligeia, Eleonora,* ne sont pas, à proprement parler, des histoires d'amour, l'idée principale sur laquelle pivote l'œuvre étant tout autre. Peut-être croyait-il que la prose n'est pas une langue à la hauteur de ce bizarre et presque intraduisible sentiment; car ses poésies, en revanche, en sont fortement saturées. La divine passion y apparaît magnifique, étoilée, et toujours voilée d'une irrémédiable mélancolie. Dans ses articles, il parle quelquefois de l'amour, et même comme d'une chose dont le nom fait frémir la plume. Dans *The Domain of Arnheim,* il affirmera que les quatre conditions élémentaires du bonheur sont: la vie en plein air, *l'amour d'une femme,* le détachement de toute ambition et la création d'un Beau nouveau. – Ce qui corrobore l'idée de madame Frances Osgood relativement au respect chevaleresque de Poe pour les femmes, c'est que, malgré son prodigieux talent pour le grotesque et l'horrible, il n'y a pas dans tout son œuvre un seul passage qui ait trait à la lubricité ou même aux jouissances sensuelles. Ses portraits de femmes sont, pour ainsi dire, auréolés; ils brillent au sein d'une vapeur surnaturelle et sont peints à la manière emphatique d'un adorateur. – Quant aux *petits épisodes romanesques,* y a-t-il lieu de s'étonner qu'un être aussi nerveux, dont la soif du Beau était peut-être le trait principal, ait parfois, avec une ardeur passionnée, cultivé la galanterie, cette fleur volcanique et musquée pour qui le cerveau bouillonnant des poëtes est un terrain de prédilection?

De sa beauté personnelle singulière dont parlent plusieurs biographes, l'esprit peut, je crois, se faire une idée approximative en appelant à son secours toutes les notions vagues, mais cependant caractéristiques, contenues dans le mot: romantique, mot qui sert généralement à rendre les genres de beauté consistant surtout dans l'expression. Poe avait un front vaste, dominateur, où certaines protubérances trahissaient les facultés débordantes qu'elles sont chargées de représenter, – construction, comparaison, causalité, – et où trônait dans un orgueil calme le sens de l'idéalité, le sens esthétique par excellence. Cependant, malgré ces dons, ou même à cause de ces priviléges exorbitants, cette tête, vue de profil, n'offrait peut-être pas un aspect agréable. Comme dans toutes les choses excessives par un sens, un déficit pouvait résulter de l'abondance, une pauvreté de l'usurpation. Il avait de grands yeux à la fois sombres et pleins de lumière, d'une couleur indécise et ténébreuse, poussée au violet, le nez noble et solide, la bouche fine et triste, quoique légèrement souriante, le teint brun clair, la face généralement pâle, la physionomie un peu distraite et imperceptiblement grimée par une mélancolie habituelle.

Sa conversation était des plus remarquables et essentiellement nourrisante. Il n'était pas ce qu'on appelle un beau parleur, – une chose horrible, – et d'ailleurs sa parole comme sa plume avait horreur du convenu; mais un vaste savoir, une linguistique puissante, de fortes études, des impressions ramassées dans plusieurs pays faisaient de cette parole un enseignement. Son éloquence, essentiellement poétique, pleine de méthode, et se mouvant toutefois hors de toute méthode connue, un arsenal d'images tirées d'un monde peu fréquenté par la foule des esprits, un art prodigieux à déduire d'une proposition évidente et absolument acceptable des aperçus secrets et nouveaux, à ouvrir d'étonnantes perspectives, et, en un mot, l'art de ravir, de faire penser, de faire rêver, d'arracher les âmes des bourbes de la routine, telles étaient les éblouissantes facultés dont beaucoup de gens ont gardé le souvenir. Mais il arrivait parfois, – on le dit du moins, – que le poëte, se complaisant dans un caprice destructeur, rappelait brusquement ses amis à la terre par un cynisme affligeant et démolissait brutalement son œuvre de spiritualité. C'est d'ailleurs une chose à noter, qu'il était fort peu difficile dans le choix de ses auditeurs, et je crois que le lecteur trouvera sans peine dans l'histoire d'autres intelligences grandes et originales, pour qui toute compagnie était bonne. Certains esprits, solitaires au milieu de la foule, et qui se repaissent dans le monologue, n'ont que faire de la délicatesse en matière de public. C'est, en somme, une espèce de fraternité basée sur le mépris.

De cette ivrognerie, – célébrée et reprochée avec une insistance qui pourrait donner à croire que tous les écrivains des Etats-Unis, excepté Poe, sont des anges de sobriété, – il faut cependant en parler. Plusieurs versions sont plausibles, et aucune n'exclut les autres. Avant tout, je suis obligé de remarquer que Willis et madame Osgood affirment qu'une quantité fort minime de vin ou de liqueur suffisait pour perturber complétement son organisation. Il est d'ailleurs facile de supposer qu'un homme aussi réellement solitaire, aussi profondément malheureux, et qui a pu souvent envisager tout le système social comme un paradoxe et une imposture, un homme qui, harcelé par une destinée sans pitié, répétait souvent que la société n'est qu'une cohue de misérables (c'est Griswold qui rapporte cela, aussi scandalisé qu'un homme qui peut penser la même chose, mais qui ne la dira jamais), – il est naturel, dis-je, de supposer que ce poëte jeté tout enfant dans les hasards de la vie libre, le cerveau cerclé par un travail âpre et continu, ait cherché parfois une volupté d'oubli dans les bouteilles. Rancunes littéraires, vertiges de l'infini, douleurs de ménage, insultes de la misère, Poe fuyait tout dans le noir de l'ivresse comme dans une tombe préparatoire. Mais quelque bonne que paraisse cette explication, je ne la trouve pas suffisamment large, et je m'en défie à cause de sa déplorable simplicité.

J'apprends qu'il ne buvait pas en gourmand, mais en barbare, avec une activité et une économie de temps tout à fait américaines, comme accomplissant une fonction homicide, comme ayant en lui *quelque chose* à tuer, *a worm that would not die.* On raconte d'ailleurs qu'un jour, au moment de se remarier (les bans étaient publiés, et, comme on le félicitait sur une union qui mettait dans ses mains les plus hautes conditions de bonheur et de bien-être, il avait dit: – Il est possible que vous ayez vu des bans, mais notez bien ceci: je ne me marierai pas), il alla, épouvantablement ivre, scandaliser le voisinage de celle qui devait être sa femme, ayant ainsi recours à son vice pour se débarrasser d'un parjure envers la pauvre morte dont l'image vivait toujours en lui et qu'il avait admirablement chantée dans son *Annabel Lee.* Je considère donc, dans un grand nombre de cas, le fait infiniment précieux de préméditation comme acquis et constaté.

Je lis d'autre part dans un long article du *Southern Literary Messenger,* – cette même revue dont il avait commencé la fortune, – que jamais la pureté, le fini de son style, jamais la netteté de sa pensée, jamais son ardeur au travail ne furent altérés par cette terrible habitude; que la confection de la plupart de ses excellents morceaux a précédé ou suivi une de ses crises; qu'après la publication d'*Eureka* il sacrifia déplorablement à son penchant, et qu'à New-York, le matin même où paraissait *Le Corbeau,* pendant que le nom du poëte était dans toutes les bouches, il traversait Broadway en trébuchant outrageusement. Remarquez que les mots: *précédé ou suivi,* impliquent que l'ivresse pouvait servir d'excitant aussi bien que de repos.

Or, il est incontestable que – semblables à ces impressions fugitives et frappantes, d'autant plus frappantes dans leurs retours qu'elles sont plus fugitives, qui suivent quelquefois un symptôme extérieur, une espèce d'avertissement comme un son de cloche, une note musicale, ou une parfum oublié, et qui sont elles-mêmes suivies d'un événement semblable à un événement déjà connu et qui occupait la même place dans une chaîne antérieurement révélée, – semblables à ces singuliers rêves périodiques qui fréquentent nos sommeils, – il existe dans l'ivresse non-seulement des enchaînements de rêves, mais des séries de raisonnements, qui ont besoin, pour se reproduire, du milieu qui leur a donné naissance. Si le lecteur m'a suivi sans répugnance, il a déjà deviné ma conclusion: je crois que dans beaucoup de cas, non pas certainement dans tous, l'ivrognerie de Poe était un moyen mnémonique, une méthode de travail, méthode énergique et mortelle, mais appropriée à sa nature passionnée. Le poëte avait appris à boire, comme un littérateur soigneux s'exerce à faire des cahiers de notes. Il ne pouvait résister au désir de retrouver les visions merveilleuses ou effrayantes, les conceptions subtiles qu'il avait rencontrées dans une tempête précédente; c'étaient de vieilles connaissances qui l'attiraient impérativement, et, pour renouer avec elles, il prenait le chemin le plus dangereux, mais le plus direct. Une partie de ce qui fait aujourd'hui notre jouissance est ce qui l'a tué.

IV

Des ouvrages de ce singulier génie j'ai peu de chose à dire; le public fera voir ce qu'il en pense. Il me serait difficile, peut-être, mais non pas impossible de débrouiller sa méthode, d'expliquer son procédé, surtout dans la partie de ses œuvres dont le principal effet gît dans une analyse bien ménagée. Je pourrais introduire le lecteur dans les mystères de sa fabrication, m'étendre longuement sur cette portion de génie américain qui le fait se réjouir d'une difficulté vaincue, d'une énigme expliquée, d'un tour de force réussi, – qui le pousse à se jouer avec une volupté enfantine et presque perverse dans le monde des probabilités et des conjectures, et à créer des *canards* auxquels son art subtil a donné une vie vraisemblable. Personne ne niera que Poe ne soit un jongleur merveilleux, et je sais qu'il donnait surtout son estime à une autre partie de ses œuvres. J'ai quelques remarques plus importantes à faire, d'ailleurs très-brèves.

Ce n'est pas par ces miracles matériels, qui pourtant ont fait sa renommée, qu'il lui sera donné de conquérir l'admiration des gens qui pensent, c'est par son amour du beau, par sa connaissance des conditions harmoniques de la beauté, par sa poésie profonde et plaintive, ouvragée néanmoins; transparente et correcte comme un bijou de cristal, – par son admirable style, pur et bizarre, – serré comme les mailles d'une armure, – complaisant et minutieux, – et dont la plus légère intention sert à pousser doucement le lecteur vers un but voulu, – et enfin surtout par ce génie tout spécial, par ce tempérament unique qui lui a permis de peindre et d'expliquer, d'une manière impeccable, saisissante, terrible, l'*exception dans l'ordre moral.* – Diderot, pour prendre un exemple entre cent, est un auteur sanguin; Poe est l'écrivain des nerfs, et même de quelque chose de plus, – et le meilleur que je connaisse.

Chez lui, toute entrée en matière est attirante sans violence, comme un tourbillon. Sa solennité surprend et tient l'esprit en éveil. On sent tout d'abord qu'il s'agit de quelque chose de grave. Et lentement, peu à peu, se déroule une histoire dont tout l'intérêt repose sur une imperceptible déviation de l'intellect, sur une hypothèse audacieuse, sur un dosage imprudent de la Nature dans l'amalgame des facultés. Le lecteur, lié par le vertige, est contraint de suivre l'auteur dans ses entraînantes déductions.

Aucun homme, je le répète, n'a raconté avec plus de magie les *exceptions* de la vie humaine et de la nature; – les ardeurs de curiosité de la convalescence; – les fins de saisons chargées de splendeurs énervantes, les temps chauds, humides et brumeux, où le vent du sud amollit et défend les nerfs comme les cordes d'un instrument, où les yeux se remplissent de larmes qui ne viennent pas du cœur; – l'hallucination, laissant d'abord place au doute, bientôt convaincue et raisonneuse comme un livre; – l'absurde s'installant dans l'intelligence et la gouvernant avec une épouvantable logique; – l'hystérie usurpant la place de la volonté, la contradiction établie entre les nerfs et l'esprit, et l'homme désaccordé au point d'exprimer la douleur par le rire. Il analyse ce qu'il y a de plus fugitif, il soupèse l'impondérable et décrit, avec cette manière minutieuse et scientifique dont les effets sont terribles, tout cet imaginaire qui flotte autour de l'homme nerveux et le conduit à mal.

L'ardeur même avec laquelle il se jette dans le grotesque pour l'amour du grotesque et dans l'horrible pour l'amour de l'horrible me sert à vérifier la sincérité de son œuvre, et l'accord de l'homme avec le poëte. – J'ai déjà remarqué que chez plusieurs hommes cette ardeur était souvent le résultat d'une vaste énergie vitale inoccupée, quelquefois d'une opiniâtre chasteté, et aussi d'une profonde sensibilité refoulée. La volupté surnaturelle que l'homme peut éprouver à voir couler son propre sang, les mouvements soudains, violents, inutiles, les grands cris jetés en l'air, sans que l'esprit ait commandé au gosier, sont des phénomènes à ranger dans le même ordre.

Au sein de cette littérature où l'air est raréfié, l'esprit peut éprouver cette vague angoisse, cette peur prompte aux larmes et ce malaise du cœur qui habitent les lieux immenses et singuliers. Mais l'admiration est la plus forte, et d'ailleurs l'art est si grand! Les fonds et les accessoires y sont appropriés aux sentiments des personnages. Solitude de la nature ou agitation des villes, tout y est décrit nerveusement et fantastiquement. Comme notre Eugène Delacroix, qui a élevé son art à la hauteur de la grande poésie, Edgar Poe aime à agiter ses figures sur des fonds violâtres et verdâtres où se révèlent la phosphorescence de la pourriture et la senteur de l'orage. La Nature dite inanimée participe de la nature des êtres vivants, et, comme eux, frissonne d'un frisson surnaturel et galvanique. L'espace est approfondi par l'opium; l'opium y donne un sens magique à toutes les teintes, et fait vibrer tous les bruits avec une plus significative sonorité. Quelquefois des échappées magnifiques, gorgées de lumière et de couleur, s'ouvrent soudainement dans ses paysages, et l'on voit apparaître au fond de leurs horizons des villes orientales et des architectures, vaporisées par la distance, où le soleil jette des pluies d'or.

Les personnages de Poe, ou plutôt le personnage de Poe, l'homme aux facultés suraiguës, l'homme aux nerfs relâchés, l'homme dont la volonté ardente et patiente jette un défi aux difficultés, celui dont le regard est tendu avec la roideur d'une épée sur des objets qui grandissent à mesure qu'il les regarde; – c'est Poe lui-même. – Et ses femmes, toutes lumineuses et malades, mourant de maux bizarres, et parlant avec une voix qui ressemble à une musique, c'est encore lui; ou du moins, par leurs aspirations étranges, par leur savoir, par leur mélancolie inguérissable, elles participent fortement de la nature de leur créateur. Quant à sa femme idéale, à sa Titanide, elle se révèle sous différents portraits éparpillés dans ses poésies trop peu nombreuses, portraits, ou plutôt manières de sentir la beauté, que le tempérament de l'auteur rapproche et confond dans une unité vague mais sensible, et où vit plus délicatement peut-être qu'ailleurs cet amour insatiable du Beau, qui est son grand titre, c'est-à-dire le résumé de ses titres à l'affection et au respect des poëtes.

Nous rassemblons sous le titre: *Histoires extraordinaires,* divers contes choisis dans l'œuvre général de Poe. Cet œuvre se compose d'un nombre considérable de Nouvelles, d'une quantité non moins forte d'articles critiques et d'articles divers, d'un poëme philosophique (*Eureka*), de poésies, et d'un roman purement humain (*La Relation d'Arthur Gordon Pym*). Si je trouve encore, comme je l'espère, l'occasion de parler de ce poëte, je donnerai l'analyse de ses opinions philosophiques et littéraires, ainsi que généralement des œuvres dont la traduction complète aurait peu de chances de succès auprès d'un public qui préfère de beaucoup l'amusement et l'émotion à la plus importante vérité philosophique.

C.B.

Annotated
Bibliography

1
Amiel 'Journal intime: pages inédites, présentées par Léon
   Bopp.' *Revue de Paris,* LXIV, février 1957, 40–1
2
Asselineau, Charles 'Arthur Gordon Pym.' *Revue française,*
   XIII, mai 1858, 381–2. A review of Baudelaire's translation.
3
– *Ch. Baudelaire, sa vie et son œuvre.* Paris: Lemerre 1869.
   Reprinted about 1940, with a preface by Raoul Besançon,
   Paris: La Palladienne. The best and most accessible edition
   is *Baudelaire et Asselineau,* ed. by J. Crépet and Cl. Pichois,
   Paris: Nizet 1953.
4
B. 'Edgar Poe's Tales.' *Bibliothèque universelle de Genève*
   mai 1852, 105. Quoted by Lemonnier; see below, no. 62.

5
Bandy, W.T. 'New Light on Baudelaire and Poe.' *Yale French Studies,* no. 10 [Fall-Winter 1952], 65–9

6
– 'Editions originales et Editions critiques des *Histoires extraordinaires* d'Edgar Poe.' *Bulletin du Bibliophile* n° 4, 1953, 184–94

7
– 'Baudelaire and Poe.' *The Texas Quarterly,* I, January 1958, 28–35. Also in *The Centennial Celebration of Baudelaire's Les Fleurs du Mal.* Austin: University of Texas 1958

8
– 'An Imaginary Translation of Poe.' *Revue de littérature comparée,* XXXIII, janvier 1959, 87–90

9
– 'Were the Russians the First to Translate Poe?' *American Literature,* XXXI, January 1960, 479–80

10
– *The Influence and Reputation of Edgar Allan Poe in Europe.* Baltimore: Cimino 1962

11
– 'Poe's Secret Translator: Amédée Pichot.' *Modern Language Notes,* LXXIX, May 1964, 277–80

12
– 'Amédée Pichot: premier traducteur de Poe.' *Bulletin Baudelairien,* II, 31 août 1966, 12

13
– 'Baudelaire et Poe: vers une nouvelle mise au point.' *Revue d'histoire littéraire de la France,* LXVII, avril-juin 1967, 329–34.

14
– 'Baudelaire et Edgar Poe: vue rétrospective.' *Revue de littérature comparée,* XLI, avril-juin 1967, 180–94

15
– Ed. *Seven Tales by Edgar Allan Poe...* New York: Schocken Books 1971

16
Barbey d'Aurevilly, Jules 'Bibliographie.' *Le Pays,* 27 juillet 1853. A review of Poe's *Nouvelles choisies,* transl. Alphonse Borghers [Amédée Pichot]. Listed as read by W.W. Mann in Vol. VIII of his notebooks.

17
– 'Histoires extraordinaires.' *Le Pays,* 10 juin 1856. The author

says of Baudelaire's preface: 'Beau morceau de biographie, fièrement abordé, mais qui pourrait ... être plus creusé et plus profond encore ... La personnalité humaine d'Edgar Poe n'est pas plus complète dans cette notice que sa personnalité littéraire dans le premier volume d'œuvres choisies.' [The reference is to the volume reviewed in no. 16.]

18
– Letter to Baudelaire, dated 'Mardi de Pâques, 56' [25 mars 1856], reproduced in facsimile in the special number of *le Manuscrit autographe* (Paris: Blaizot 1927, 17–20). 'Votre *vie* est très-belle, sombre et amère comme la destinée de votre héros. Excepté le passage sur Gérard de Nerval, que je blâme et regrette d'avoir trouvé là, je n'aurais qu'éloges à vous donner. C'est pensé par la Rage – mais la rage qui sera demain le mépris, le plus grand sentiment et le seul que valent réellement les hommes! et c'est écrit par un écrivain qui ajoute à la profondeur de sa pensée une singulière *noirceur* d'expression.'

19
– *Littérature étrangère*. Paris: Lemerre 1891 (Les Œuvres et les hommes, XII). Pp. 345–60 and 360–76: reprinting of nos. 16 and 17

20
Baudelaire, Ch. *Œuvres complètes,* ed. Jacques Crépet (and, for the last three volumes, Claude Pichois). Paris: Conard-Lambert 1922–53. The standard critical edition of Baudelaire's complete works. The nineteen volumes include three of the posthumous works, five of the translations from Poe and six of correspondence. The 1852 essay is reprinted in the first volume of *Œuvres posthumes* (1939), 246–93, with notes on pp. 565–77. These notes, which were the best then available, are today inadequate; see our comments, pp. 40–1 *passim*.

21
– *Œuvres complètes,* ed. Y.-G. Le Dantec. Paris: Nouvelle Revue française 1931. Vol. XIII: *Traductions d'Edgar Poe (documents-variantes-bibliographie).* Contains the 1852 essay. The notes, while useful at the time, are out-dated.

22
– *Œuvres complètes,* ed. Claude Pichois. Paris: Club du meilleur livre 1955. Vol. I (of two) contains the 1852 essay and the 1856 preface, as well as Baudelaire's other writings on Poe. Excellent annotation

23

– *Œuvres complètes,* ed. Yves Florenne. Paris: le club français du livre 1966. Vol. II (of three) contains all Baudelaire's translations from Poe and all his writings on Poe. The notes are completely unreliable.

24

– *Œuvres complètes,* ed. Marcel Raymond. Lausanne: La Guilde du livre 1967. Contains the prefaces to HE and NHE, and two other notices. The notes are of little value.

25

– *Œuvres complètes,* ed. Marcel Ruff. Paris: Ed. du Seuil 1968. Contains the 1852 essay, the 1856 preface, and most of Baudelaire's other writings on Poe. The notes are brief, but satisfactory.

26

Belloy, A. de 'Revue des lettres et des arts.' *Revue française,* IV, mars 1856, 460. M. Baudelaire a, dans sa préface [des HE], *exhibé* le personnage de son auteur avec une verve de sympathie et de talent qui risque fort de dépasser le but car ... la préface me paraît le morceau capital, l'histoire la plus humaine et même la plus extraordinaire.'

27

Bernard, Thalès Review of Hannay (no. 49). *L'Athenaeum français,* II, 10 septembre 1853, 857–9. 'Le remarquable écrivain dont nous voulons aujourd'hui entretenir nos lecteurs, fut d'abord connu en France par deux [*sic*] traductions dues à la plume élégante et spirituelle de Mme Victor Meunier ... Depuis, le nom d'Edgar Poe est devenu européen.'

28

Betz, Louis P. *Studien zur vergleichenden Literaturgeschicht der neueren Zeit.* Frankfurt: Rütten und Loening 1902. Pp. 16–52: 'Poe und Baudelaire: ein Phenomen der Weltliteratur.' Out-dated and unreliable

29

Cambiaire, Célestin Pierre *The Influence of Edgar Allan Poe in France.* New York: Stechert 1927. A compilation of secondary sources, not always acknowledged. Has received more attention than it deserves

30

Calvocoressi, M.-D. 'Edgar Poe, ses biographes, ses éditeurs, ses critiques.' *Mercure de France,* LXXVII, 1ᵉ février 1909, 385–403. Declares that Baudelaire's 1852 essay shows 'l'incomparable pénétration dont il fit preuve dans ses analyses, le degré auquel il poussa son étude de l'œuvre de Poe' [*sic*]

31

Cestre, Charles 'Poe et Baudelaire.' *Revue anglo-américaine*, XI, avril 1934, 322–9. Superficial

32

Champfleury *Contes posthumes d'Hoffmann*. Paris: Michel Lévy 1856. Note on p. 172: 'Mon excellent ami Baudelaire va publier dans cette même collection une traduction très-remarquable d'Edgar Poe, trouvée depuis de longues années: mais aussi le poëte a dû s'imaginer plus d'une fois qu'il était Edgar Poe lui-même.'

33

Chasles, Philarète *Etudes sur la littérature et les mœurs des anglo-américains au* XIXe *siècle*. Paris: Amyot [1851]. Several of Baudelaire's comments on American society were inspired by Chasles.

34

– A review of *Œuvres d'Edgar Allan Poë* (traduit de l'anglais par Charles Baudelaire) and works by other writers, including Catherine Crowe. *Journal des débats*, 16 avril 1853. At this date, Baudelaire had published only eight translations from Poe, all in periodicals. 'M. Charles Baudelaire, qui sait l'anglais quoiqu'il traduise l'anglais,* et qui joint à une verve incisive un sentiment poétique réel, vient de reproduire avec exactitude plusieurs contes de cet Edgar Poë, œuvre difficile et qui demandait une grande habileté.'

35

– Review of *Histoires extr. Journal des débats,* 20 avril 1856. Quoted by J. Crépet (HE, 379): 'Lisez les contes de ce malheureux et étrange Edgar Poë, l'Américain, que M. Baudelaire vient de traduire avec un grand talent, en y joignant une vie originale de l'auteur, notice qui fait très bien comprendre [le côté surnaturel] de la vie américaine.'

36

Cottier, Jean 'Il y a cent ans la France découvrait Edgar Poe.' *Nouvelles littéraires*, 24 avril 1947. Inspired by the centennial of Mme Meunier's translation of 'The Black Cat.' The unin-

---

*My colleague, Claude Pichois, informs me that this shaft was aimed at Amédée Pichot.

formed author offers this singular hypothesis: 'Encore est-il possible que G.B. et Isabelle Meunier ne soient qu'une seule et même personne.'

37

Cowley, Malcolm 'Aidgarpo.' *New Republic* 5 November 1945, 607–10. Interesting appraisal of Poe's influence in Europe and his indirect influence on British and American poets by way of Baudelaire.

38

Crépet, Eugène *Charles Baudelaire*. Etude biographique revue et mise au jour par Jacques Crépet. Paris: Messein 1906. The principal source of all subsequent biographies of Baudelaire.

39

D.,S. 'Death of Nadar.' *New York Evening Post,* 2 April 1910. Typical of a number of obituary notices in American papers at the time, stating that Baudelaire learned of Poe through Nadar, who is referred to in one instance as 'Poe's Earliest French Sponsor' (*Literary Digest,* XL, 23 April 1910, 816). According to S.D., 'Baudelaire wrote in later years as of "something singular and all but unbelievable" the effect wrought in him by Nadar's publication.' Needless to say, Nadar never translated Poe.

40

Deschanel, Emile 'Variétés littéraires.' *Indépendance Belge,* 12 février 1857. Says of the preface to the *Histoires extr.:* 'Cette notice ... est très remarquable.' Quoted by Crépet, HE, 384

41

[Du Camp, Maxime?] 'Bibliographie.' *Revue de Paris*, 1ᵉʳ avril 1856, 155. Unsigned editorial note on the *Histoires extr.* Quoted by J. Crépet in HE, 375: 'Mieux que personne, M. Charles Baudelaire, par son talent fougueux et un peu in- cohérent, était propre à traduire les Contes terribles d'Edgar Poe.'

42

Duranty, Edmond 'Les Jeunes.' *Figaro,* 13 novembre 1856. 'Ce qui a donné la vie à M. Baudelaire, c'est sa traduction d'Edgar Poë; il s'est collé aux flancs de cet Américain pour prendre une part du manteau. Cet auteur puérilistique plutôt que fantastique, lui a suggéré une préface tourmentée, âpre, d'une vigueur artificielle, pleine d'effets, mais qui montre que

M. Baudelaire est de tous les traînards romantiques celui qui a le plus de tournure.'

43

Eliot, T.S. 'Edgar Poe et la France.' *La Table ronde,* décembre 1948, 1973–92. An earlier and somewhat different version of the following article

44

– 'From Poe to Valéry.' *Hudson Review,* II, Autumn 1949, 327–42. Reprinted many times, separately and in various volumes of Eliot's works. 'Baudelaire, to judge by his introduction to his translation of the tales and essays, was the most concerned with the personality of the man.'

45

Françon, Marcel 'Poe et Baudelaire.' *PMLA,* XL, September 1945, 841–59. Adequate

46

Gilman, Margaret *Baudelaire the Critic.* New York: Columbia Univ. Press. 1943. Pp. 55–114: 'The Shadow of Poe and de Maistre.' Excellent

47

Gourmont, Remy de *Promenades littéraires* (First series). Paris: Mercure de France 1904. Pp. 348–82: 'Marginalia sur Edgar Poe et sur Baudelaire.' A bit dated but not without interest

48

Guerra, Angel 'El centenario de Edgard Allan Poe.' *España moderna,* XXI, avril 1909, 130–44. Quoted, in English, by Smith (see no. 81, below). 'Edgar Poe's native land is America; but his spiritual birth must be sought in Germany; his elevation to immortality, with justice rendered to his supreme merits, is the gift of generous France.'

49

Hannay, James Preface to Poe's *Poetical Works.* London: Addey 1853. Used by Baudelaire in his revision of the 1852 essay

50

Harrison, James A. *A Group of Poets and their Haunts.* New York: Hurd and Houghton 1875. Pp. 310–11: 'The book by which Baudelaire is best known is his translation of the tales and poems [*sic*] of Edgar Poe, translations so skillfully inwrought into the current phraseology and idiom of French thought that the works of the American writer seem new works in their foreign garb. Poe has even been claimed as a "talent" peculiarly French ... It is not too much to say that Baudelaire owes to Poe a good moiety of his inspiration [*sic*].'

51

Haswell, Henry 'Baudelaire's Self-Portrait of Poe: "Edgar Allan Poe; sa vie et ses ouvrages".' *Romance Notes,* x (Spring 1969), 253–60. Article inspired by no. 5. A partial comparison of the 1852 text with Daniel's and Thompson's

52

Hennequin, Emile Preface to his transl. of Poe's *Contes grotesques.* Paris: Ollendorff 1882. P. 3: 'Baudelaire lut la biographie de Griswold. Il sut y reconnaître le langage acrimonieux et les accusations improbables d'un calomniateur. Il s'en défia et se fit d'imagination le Poe qui lui convenait.'

53

Hughes, William L. Preface to his transl. of Poe's *Œuvres choisies.* Paris: Hennuyer 1885. Well informed, for a work of this date. Hughes makes few references to the work of Baudelaire.

54

Hyslop, Lois B. and Francis E., eds. *Baudelaire on Poe.* State College (Penn.): Bald Eagle Press 1952. The first collection in one volume of all of Baudelaire's writings on Poe, transl. by the editors

55

Ingram, John H. *Edgar Allan Poe.* London: Ward, Locke, Bowden 1891. The original edition in two volumes was published by Hogg in 1880. Ingram makes the incredible suggestion that Griswold, not Daniel, was the author of the review of the Redfield edition for the *Messenger* in 1850. He asserts that Baudelaire read the review, but he fails completely to realize the importance of that fact.

56

Jones, P. Mansell 'Poe, Baudelaire and Mallarmé. A Problem of Literary Judgment.' *Modern Language Review,* XXXIX, July 1944, 236–46. Minimizes Poe's influence

57

– 'Poe and Baudelaire: the "affinity".' *Modern Language Review,* XL, October 1945, 279–83. Denies the existence of any affinity

58

Lauvrière, Emile *Edgar Poe: sa vie et son œuvre*. Paris: Alcan 1904. This Paris thesis is more thoroughly documented than earlier studies, but it is unfortunately written from the pseudo-medical point of view fashionable in the early twentieth century. Like Ingram, Lauvrière was acquainted with Daniel's article, but he failed to realize its significance.

59

– *Le Génie morbide d'Edgar Poe*. Paris: Desclée de Brouwer 1935. A later and more popular work, which suffers from the same faults as its predecessor. The author has read widely but not very understandingly. He accepts Yarmolinsky's statement that the Russians were the first to translate Poe.

60

Le Dantec, Y.-G. Ed. of Edgar Allan Poe, *Histoires*. Traduction de Ch. Baudelaire. Paris: La Pléiade [1932]. Contains the 1852 essay, the 1856 preface, with very summary notes

61

Legendre, A. 'Le livre d'Edgar Poe.' *Figaro,* 10 avril 1856. 'La notice sur Edgar Poe, placée en tête des *Histoires extraordinaires* est un excellent morceau écrit avec cette profondeur et avec cette érudite simplicité qui donnent aux œuvres la vie même.'

62

Lemonnier, Léon *Edgar Poe et la critique française*. Paris: Presses universitaires 1928. A Paris thesis; the standard work on the subject

63

– *Les Traducteurs d'Edgar Poe en France de 1845 à 1875: Charles Baudelaire*. Paris: Presses universitaires 1928. Useful study, but must be consulted with caution, because of the numerous misprints, especially in the bibliography

64

– 'L'Influence d'Edgar Poe sur Baudelaire.' *Revue de France,* 9ᵉ année, n° 5, 15 octobre 1929, 689–713. One of the best articles on the subject. The author concludes: 'Baudelaire a donc grimé Poe d'une main savante. Le personnage qu'il a présenté, qu'il a inventé, est si saisissant que plusieurs générations en ont été frappées de stupeur.'

65

Mauclair, Camille *Le génie d'Edgar Poe*. Paris: Albin Michel 1925. Pp. 250–73: 'Baudelaire et Poe' and 'Poe d'après

Baudelaire.' Highly impressionistic. Explaining why Baudelaire did not discuss *Eureka* in the 1852 essay: 'Il était le tact même, et il a peut-être préféré s'abstenir de parler inexactement du métaphysicien, réservant toute sa maîtrise pour bien présenter le conteur et le poète ... L'embarras est ici à la fois franchement avoué et délicatement confessé.'

66

Michaud, Régis 'Baudelaire et Edgar Poe: une mise au point.' *Revue de littérature comparée,* XLV, octobre 1938, 666–83. The author seems not to be familiar with important previous studies, such as those by Lemonnier and Rhodes.

67

Morris, George D. *Fenimore Cooper et Edgar Poe d'après la critique française du* XIXe *siècle.* Paris: Larose 1912. Completely superseded by Lemonnier (no. 62)

68

Noir, Victor 'Paris-Journal.' *Journal de Paris,* 3 septembre 1867. Utterly unreliable. Noir claims that Baudelaire 's'était lié avec Edgar Poe.'

69

Page, Curtis Hidden 'Poe in France.' *The Nation* (New York), LXXXVIII, 14 January 1909, 32–4. Good, if sometimes inaccurate and popular, treatment. Page is correct in saying that 'many of the later appreciations of Poe in France were modeled directly on Baudelaire's, and no other French writer has departed much from the conception of Poe as thus first revealed to France.'

70

Patterson, Arthur S. *L'Influence d'Edgar Poe sur Ch. Baudelaire.* Grenoble: Allier 1903. The best that can be said of this work is that it was the first thesis ever presented on either Poe or Baudelaire. Greatly exaggerates Poe's influence

71

Pontmartin, Armand de 'Causeries littéraires.' *L'Assemblée nationale,* 12 avril 1856. The author does not agree with Baudelaire that Poe was a victim of American society.

72

Porché, François *La Vie douloureuse de Ch. Baudelaire.* Paris: Plon 1926. Popular treatment

73

– *Baudelaire. Histoire d'une âme.* Paris: Flammarion 1944. Revised and expanded edition of the preceding

74

Potez, Henri 'Edgar Poe et Jules Verne.' *La Revue,* 15 mai
1909, 191–7. 'Il serait excessif de dire: "Edgar Poe engendra
Baudelaire, qui engendra presque toute la poésie contem-
poraine." Mais cette assertion contiendrait une forte part de
vérité.'

75

Quinn, Patrick F. *The French Face of Edgar Poe.* Carbondale:
Southern Illinois Univ. Press 1957. By far the most illuminat-
ing study to date of the French response to Poe

76

Ransome, Arthur *Edgar Allan Poe: a critical study.* London:
Secker 1910. Pp. 219–37: 'The French View of Poe.' Some
acute observations ('Byron and Shakespeare are read
through glasses that look across the Channel; Poe is read as
if he were a native') and an amusing quotation ('It has been
said that the best of Poe's work was Charles Baudelaire').

77

Rhodes, S.A. 'The Influence of Poe on Baudelaire.' *Romanic
Review,* XVIII, October 1927, 329–33. Brief but sound

78

Saint-Valry, Gaston de A review of the *Histoires extr. Gazette
de Paris,* 28 septembre 1856. Quoted by Crépet in HE, 383.
Congratulates Baudelaire on his biography of Poe, which he
terms 'complète et éclairée'

79

Seylaz, Louis *Edgar Poe et les premiers symbolistes français.*
Lausanne: La Concorde 1923. A pioneer study, which
deserves to be better known

80

Richardson, Charles F. 'Edgar Allan Poe, World-Author,' in
Complete Works of Poe, vol. I. New York: Fred de Fau 1902.
The writer refers to Poe as 'the most broadly conspicuous of
American writers,' but he is not sure on what that renown
depends, except possibly his personality.

81

Smith, C. Alphonso *Edgar Allan Poe.* Indianapolis: Bobbs-
Merrill 1921. Pp. 1–25: 'The World-Author.' The best survey
to date of Poe's international influence, despite incomplete-
ness and a few errors, such as the adoption of Yarmolinsky's
legend

82

[Smith, Mrs E. Vale] 'Edgar Allan Poe.' *North American Review,* LXXXIII, October 1856, 427–55. Unsigned. P. 427: 'In France and England, what fame he has was earned by a series of literary impositions.' [?]

83

Stuart, Esme [Pseud, of Amélie Claire Leroy] 'Ch. Baudelaire and Edgar Poe: a literary affinity.' *Nineteenth Century,* XXXIV, July 1893, 65–80. Reprinted in *Living Age,* CXCVIII, 16 September 1893, 692–703. The first systematic attempt to develop the 'affinity' theory

84

Thierry, Edouard 'Revue littéraire.' *Moniteur universel,* 12 août 1856. Quoted by Crépet in HE, 383: 'M. Baudelaire … l'a traduit d'une manière très remarquable dans des sujets très difficiles, et … a écrit sur la vie de l'auteur américain une étude pleine d'excellente critique.'

85

Verne, Jules 'Edgard Poe et ses œuvres.' *Musée des familles,* XXX, avril 1864, 193–208. Verne did not know English and read Poe in Baudelaire's translation. 'Un critique français, M. Ch. Baudelaire, a écrit, en tête de sa traduction … une préface non moins étrange que l'ouvrage lui-même.'

86

Yarmolinsky, Abraham 'The Russian View of American Literature.' *The Bookman* (New York), XLIV, September 1916, 45. The primary source of the legend of the Russian translations of Poe before 1840

87

Yriarte, Charles [pseud., le marquis de Villemer] *Les Portraits cosmopolites.* Paris: Lachaud 1870. Pp. 117–44. The author contributes some new details to the Poe-Baudelaire legend, writing, for example, that 'Baudelaire s'était mis en relation, dans le pays même, avec les biographes de l'auteur. Rufus Griswold lui avait fourni les éléments d'un travail sur l'écrivain américain.' On the more perceptive side: 'Si on veut pénétrer plus avant dans les arcanes de ce curieux esprit, il faut lire avec soin les *Notes sur Edgar Poë, sa vie et ses œuvres*; c'est dans cette préface que l'homme a mis le plus de lui-même, c'est l'analyse de son propre esprit et de son cœur.'

UNIVERSITY OF TORONTO ROMANCE SERIES

This book
was designed by
WILLIAM RUETER
under the direction of
ALLAN FLEMING
and was printed by
University of
Toronto
Press